westermann

Ursula Kasch, Lars Klausnitzer

Holzer Stofftelegramme Kauffrau/-mann für Büromanagement

Gestreckte Abschlussprüfung Teil 1
Informationstechnisches Büromanagement,
Lernfelder 2 – 4

Lösungen

9. Auflage

Bestellnummer 15047

Druck und Bindung: Westermann Druck GmbH, Georg-Westermann-Allee 66, 38104 Braunschweig

ISBN 978-3-427-**15047**-3

Inhaltsverzeichnis

Grundlagenkapitel

Lernfeld 2: Büroprozesse gestalten und Arbeitsvorgänge organisieren

Lernfeld 3: Aufträge bearbeiten

Lernfeld 4: Sachgüter und Dienstleistungen beschaffen und Verträge schließen

Prüfungsaufgaben Informationstechnisches Büromanagement

1 Rechtsgrundlagen

1. a) natürliche Person
   b) juristische Person (Privatrecht → Gesellschaftsrecht GmbHG)
   c) juristische Person (Privatrecht → Gesellschaftsrecht AktG)
   d) natürliche Person
   e) juristische Person (öffentliches Recht)
   f) natürliche Person
   g) natürliche Person
   h) juristische Person (Privatrecht → Gesellschaftsrecht AktG)
   i) natürliche Person

2. a) Ida ist Besitzerin (physische Hoheit) des Buches und die Stadtbücherei ist Eigentümerin (rechtliche Hoheit) bzw. die Stadt, wenn die Stadtbücherei nicht rechtsfähig sein sollte.
   b) Fred ist Eigentümer und Besitzer, solange er die Sache nicht an Ida übergibt.
   c) Herr Mayer ist weiterhin Eigentümer des Handys, er verliert aber den Besitz, da er nicht mehr die tatsächliche Gewalt über das Handy hat. Der Dieb wird **nie** Eigentümer, aber Besitzer – auch ohne die Einwilligung von Herrn Mayer.
   d) Herr Müller ist Besitzer des Autos und der Carsharing-Verein ist Eigentümer.
   e) Christine ist Besitzerin des Schlüssels und Oma Elfriede war immer Eigentümerin.

3. + 4.
   a) WE durch schlüssiges Handeln
   b) Keine WE, da Christian stark alkoholisiert ist (§ 105 BGB).
   c) WE liegt vor, Andi erklärt ausdrücklich, dass er das Buch kaufen will (durch Klicken im Shop auf „Bezahlen“ und Anklicken der AGB und Liefer- und Zahlungsbedingungen). In der Regel kann man nicht aus Versehen mit einem Klick in seriösen Onlineshops einkaufen.
   d) WE liegt mündlich vor, i. d. R. keine Gründe für Nichtigkeit (auch wenn er betrunken von der Party kommt, ist dies ein „normales Geschäft“ in diesem Zustand).
   e) Keine WE, es fehlt der Erklärungswille → Oma Elfriede wollte nie ein Klingeltonabo.
   f) WE liegt schriftlich vor. Durch die ebenfalls schriftliche WE der Mutter wird die grundsätzlich schwebend unwirksame WE von Fred sofort wirksam. Mit der Unterschrift des Arbeitgebers kommt es auch zum Vertrag.
   g) WE liegt vor durch schlüssiges Handeln bzw. mündlich, wenn er noch etwas sagt → Schenkung ist gültig.
   h) WE liegt vor durch Schweigen. → üblich bei Vertragsverlängerungen
   i) WE (schriftlich) liegt vor, bei Annahme kommt es sofort zum Kaufvertrag.

5. Der Erblasser vererbt i. d. R. ohne Wissen des Erben. Der Erbe hat kein Mitspracherecht und keine Verpflichtungen gegenüber dem Erblasser. Der Wille des Erblassers wird mit Erstellung des Testamentes gültig und nicht erst mit dem Zugang beim Erben, welcher i. d. R. ja erst nach dem Tod des Erblassers erfolgt.

6. Ohne eigenes Wissen, dass gekündigt wurde, kann man das Arbeitsverhältnis nicht ordentlich beenden. Zudem hat der Gesetzgeber eine Kündigungsfrist festgelegt, so muss z. B. die Kündigung spätestens vier Wochen vor dem letzten Arbeitstag (15. oder Letzter des Monats) eintreffen, ansonsten verlängert sich das Arbeitsverhältnis jeweils bis zum nächsten 15. bzw. Ende des Monats (§ 622 BGB). Ohne Empfang kann die Kündigung also nicht zugehen.
7. Der Arbeitsvertrag ist eine zweiseitige übereinstimmende Willenserklärung. Beide Vertragsparteien einigen sich darüber, dass eine Arbeit für ein bestimmtes Entgelt zu erledigen ist. Ein Arbeitsvertrag muss nicht zwingend schriftlich geschlossen werden (formfrei), aber die wichtigsten Inhalte müssen innerhalb von einem Monat schriftlich niedergelegt werden (Nachweisgesetz).

Auszug aus dem Gesetz über den Nachweis der für ein Arbeitsverhältnis geltenden wesentlichen Bedingungen (Nachweisgesetz – NachwG)

§ 2 Nachweispflicht

(1) Der Arbeitgeber hat die wesentlichen Vertragsbedingungen des Arbeitsverhältnisses innerhalb der Fristen des Satzes 9 schriftlich niederzulegen, die Niederschrift zu unterzeichnen und dem Arbeitnehmer auszuhändigen. [...]

In die Niederschrift sind mindestens aufzunehmen:

1. der Name und die Anschrift der Vertragsparteien,
2. der Zeitpunkt des Beginns des Arbeitsverhältnisses,
3. bei befristeten Arbeitsverhältnissen: das Enddatum oder die vorhersehbare Dauer des Arbeitsverhältnisses,
4. der Arbeitsort oder, falls der Arbeitnehmer nicht nur an einem bestimmten Arbeitsort tätig sein soll, ein Hinweis darauf, daß der Arbeitnehmer an verschiedenen Orten beschäftigt werden oder seinen Arbeitsort frei wählen kann,
5. eine kurze Charakterisierung oder Beschreibung der vom Arbeitnehmer zu leistenden Tätigkeit,
6. sofern vereinbart, die Dauer der Probezeit,
7. die Zusammensetzung und die Höhe des Arbeitsentgelts einschließlich der Vergütung von Überstunden, der Zuschläge, der Zulagen, Prämien und Sonderzahlungen sowie anderer Bestandteile des Arbeitsentgelts, die jeweils getrennt anzugeben sind, und deren Fälligkeit sowie die Art der Auszahlung,
8. die vereinbarte Arbeitszeit, vereinbarte Ruhepausen und Ruhezeiten sowie bei vereinbarter Schichtarbeit das Schichtsystem, der Schichtrhythmus und Voraussetzungen für Schichtänderungen,
9. bei Arbeit auf Abruf nach § 12 des Teilzeit- und Befristungsgesetzes:
   a) die Vereinbarung, dass der Arbeitnehmer seine Arbeitsleistung entsprechend dem Arbeitsanfall zu erbringen hat,
   b) die Zahl der mindestens zu vergütenden Stunden,
   c) der Zeitrahmen, bestimmt durch Referenztage und Referenzstunden, der für die Erbringung der Arbeitsleistung festgelegt ist, und

d) die Frist, innerhalb derer der Arbeitgeber die Lage der Arbeitszeit im Voraus mitzuteilen hat,

10. sofern vereinbart, die Möglichkeit der Anordnung von Überstunden und deren Voraussetzungen,
11. die Dauer des jährlichen Erholungsurlaubs,
12. ein etwaiger Anspruch auf vom Arbeitgeber bereitgestellte Fortbildung,
13. wenn der Arbeitgeber dem Arbeitnehmer eine betriebliche Altersversorgung über einen Versorgungsträger zusagt, der Name und die Anschrift dieses Versorgungsträgers; die Nachweispflicht entfällt, wenn der Versorgungsträger zu dieser Information verpflichtet ist,
14. das bei der Kündigung des Arbeitsverhältnisses von Arbeitgeber und Arbeitnehmer einzuhaltende Verfahren, mindestens das Schriftformerfordernis und die Fristen für die Kündigung des Arbeitsverhältnisses, sowie die Frist zur Erhebung einer Kündigungsschutzklage; § 7 des Kündigungsschutzgesetzes ist auch bei einem nicht ordnungsgemäßen Nachweis der Frist zur Erhebung einer Kündigungsschutzklage anzuwenden,
15. ein in allgemeiner Form gehaltener Hinweis auf die auf das Arbeitsverhältnis anwendbaren Tarifverträge, Betriebs- oder Dienstvereinbarungen sowie Regelungen paritätisch besetzter Kommissionen, die auf der Grundlage kirchlichen Rechts Arbeitsbedingungen für den Bereich kirchlicher Arbeitgeber festlegen.

Der Nachweis der wesentlichen Vertragsbedingungen nach Satz 1 in elektronischer Form ist ausgeschlossen. Dem Arbeitnehmer ist die Niederschrift mit den Angaben nach Satz 7 Nummer 1, 7 und 8 spätestens am **ersten Tag der Arbeitsleistung**, die Niederschrift mit den Angaben nach Satz 7 Nummer 2 bis 6, 9 und 10 spätestens am **siebten Kalendertag nach dem vereinbarten Beginn des Arbeitsverhältnisses und** die Niederschrift mit den übrigen Angaben nach Satz 7 spätestens **einen Monat nach dem vereinbarten Beginn des Arbeitsverhältnisses** auszuhändigen.
[...] [Hervorhebungen durch den Verfasser]

8. **Antrag** = Angebot → und ← **Annahme** = Bestellung
   Bei verändertem oder verspätet angenommenem Angebot:
   Bestellung = **Antrag** → und **Annahme** = Bestellbestätigung und/oder Lieferung

9. a) beschränkt geschäftsfähig, da über 7 Jahre und unter 18 Jahre (§ 106 BGB)
   b) nicht rechtsfähig → Ein Hund ist eine Sache und deshalb auch nicht geschäftsfähig (kann keine gültigen WE abgeben, kann nur Bote sein).
   c) voll geschäftsfähig → über 18 Jahre
   d) voll geschäftsfähig → über 18 Jahre
   e) geschäftsunfähig → § 104 BGB
   f) geschäftsunfähig → § 104 BGB, da das 7. Lebensjahr noch nicht vollendet ist
   g) beschränkt geschäftsfähig, noch keine 18 Jahre alt (§ 106 BGB)
   h) voll geschäftsfähig, aber → § 105 Abs. 2 BGB WE ist nichtig, da Christian stark alkoholisiert ist. Geschäftsunfähig wird nur, wer sich dauerhaft im Zustand der Störung der Geistestätigkeit befindet. → Der Alkoholrausch verfliegt i. d. R. wieder.

10. **Unterschied zwischen Anfechtung und Nichtigkeit:**

Ein Rechtsgeschäft, welches von Anfang an ungültig ist, wird als nichtig bezeichnet, z. B.: Ein Kind unter 7 Jahren kauft etwas. → Der Kauf ist ungültig.

Hingegen durch Anfechtung wird ein Rechtsgeschäft rückwirkend ungültig, z. B. Anfechtung wegen Irrtums.

2 Das ökonomische Prinzip

1. **Zielformulierung** (andere Lösungen sind jeweils möglich):
   - **Einkauf:** Reduzierung der Rohstoffbeschaffungskosten um 5 % innerhalb von einem Jahr
   - **Verkauf:** Reduzierung der Kundenreklamationen auf max. drei pro Quartal innerhalb von zwei Jahren, Erhöhung der Wiederkäuferquote um 20 % innerhalb von zehn Jahren, Verringerung von Zahlungsausfällen durch Bonitätsprüfung um 10 % pro Jahr
   - **Personal**: Einführung eines Leitbildes innerhalb von drei Jahren, Erhöhung der Anzahl weiblicher Führungskräfte auf 50 % innerhalb von fünf Jahren, Reduzierung der Kosten für Personalakquise um jährlich 20.000,00 EUR

2. a) Maximalprinzip
   b) Minimalprinzip
   c) Minimalprinzip
   d) Minimalprinzip
   e) Minimalprinzip
   f) Maximalprinzip
   g) Maximalprinzip

Vernetzungsaufgabe: Ökonomische Prinzipien

Teil 1: Wissensüberprüfung

1. Das Minimalprinzip ist das Prinzip, mit möglichst geringem Aufwand ein bestimmtes Ziel zu erreichen. Das Maximalprinzip zielt darauf ab, mit gegebenen Mitteln das bestmögliche Ergebnis zu erzielen.

2. Das Minimalprinzip bedeutet, dass man versucht, mit dem kleinstmöglichen Ressourceneinsatz ein festgelegtes Ziel zu erreichen.

3. Beim Maximalprinzip geht es darum, mit den vorhandenen Ressourcen das höchstmögliche Ergebnis oder den größten Nutzen zu erzielen.

Teil 2: Anwendung und Zuordnung

4. Ordnen Sie die folgenden Beispiele dem entsprechenden Prinzip (Minimal- oder Maximalprinzip) zu.
   a) Maximalprinzip
   b) Minimalprinzip
   c) Maximalprinzip

Teil 3: Kritisches Denken

5. Das Minimalprinzip ist in der Budgetplanung wichtig, weil es Unternehmen ermöglicht, Kosten zu minimieren und somit die Wirtschaftlichkeit zu erhöhen. Es fördert effiziente Ausgaben und hilft, Verschwendung von Ressourcen zu vermeiden.

6. Das Maximalprinzip kann in der Personalentwicklung angewendet werden, indem man versucht, mit den vorhandenen Personalressourcen den größtmöglichen Nutzen zu erzielen, zum Beispiel durch gezielte Fortbildungen, effektive Teamzusammenstellungen und optimierte Einsatzplanung der Mitarbeiterinnen und Mitarbeiter

Teil 4: Praxisbeispiel

7. Beispiel: In einem Büro wird das Minimalprinzip angewendet, indem man für die Dokumentenverwaltung eine effiziente Software einsetzt, die den Zeitaufwand für das Auffinden und Organisieren von Dokumenten minimiert. Ziel ist es, mit dem geringstmöglichen Zeitaufwand die Dokumentenverwaltung effizient zu gestalten. Durch die Software wird weniger Zeit für administrative Aufgaben benötigt, wodurch sich die Mitarbeiterinnen und Mitarbeiter auf wichtigere Aufgaben konzentrieren können. Dies führt zu einer erhöhten Produktivität bei gleichbleibendem Personaleinsatz, was ein klassisches Beispiel für die Anwendung des Minimalprinzips ist.

3 Einsatz einer Tabellenkalkulation

Aufgabe 1

Entwicklung der Flugstunden							
Flugzeug	Flugstunden im Jahr				Statistik		
					Flugstunden		Prozentuale Veränderung zwischen 2010 und 2013
	2010	2011	2012	2013	Durchschnitt 2010-13	Abweichung 2013 vom Durchschnitt	
F0001	4.520,00	4.862,00	5.210,00	5.310,00	4.976,00	335,00	17,48%
F0002	5.650,00	5.850,00	6.100,00	6.250,00	5.963,00	288,00	10,62%
F0003	3.520,00	4.520,00	3.620,00	4.320,00	3.995,00	325,00	22,73%
F0004	5.620,00	5.420,00	4.920,00	4.500,00	5.115,00	-615,00	-19,93%
F0005	1.210,00	4.500,00	2.040,00	3.650,00	2.850,00	800,00	201,65%
Flotte	20.520	25.152	21.890	24.030	22.898	1.132	10,39%

	C	D	E	F	G	H	I	J
2	Entwicklung der Flugstunden							
3	Flugzeug	Flugstunden im Jahr				Statistik		
4						Flugstunden		Prozentuale Veränderung zwischen 2010 und 2013
5		2010	2011	2012	2013	Durchschnitt 2010-13	Abweichung 2013 vom Durchschnitt	
6	F0001	4520	4862	5210	5310	=MITTELWERT(D6:G6)	=G6-H6	=(G6-D6)/D6
7	F0002	5650	5850	6100	6250	=MITTELWERT(D7:G7)	=G7-H7	=(G7-D7)/D7
8	F0003	3520	4520	3620	4320	=MITTELWERT(D8:G8)	=G8-H8	=(G8-D8)/D8
9	F0004	5620	5420	4920	4500	=MITTELWERT(D9:G9)	=G9-H9	=(G9-D9)/D9
10	F0005	1210	4500	2040	3650	=MITTELWERT(D10:G10)	=G10-H10	=(G10-D10)/D10
11								
12	Flotte	=SUMME(D6:D10)	=SUMME(E6:E10)	=SUMME(F6:F10)	=SUMME(G6:G10)	=MITTELWERT(D12:G12)	=G12-H12	=(H12-D12)/H12
13								

Aufgabe 2

Absatzanalyse Bersch-Bohrmaschinen 2014					
geplante Absatzsteigerung im 2. Halbjahr			7,50%		
Filiale	1. Halbjahr	2. Halbjahr	Gesamt-absatz	Anteil der Filiale am Gesamtabsatz	Beurteilung
	in Stück				
Memmingen	25.817,00	27.753,00	53.570,00	30,51%	
Ravensburg	19.443,00	20.901,00	40.344,00	22,98%	Aktion
Friedrichshafen	23.195,00	24.935,00	48.130,00	27,41%	
Überlingen	16.170,00	17.383,00	33.553,00	19,11%	Aktion
Summe der Verkäufe:	84.625,00	90.972,00	175.597,00	100,00%	----
Durchschnitt	21.156,00	22.743,00	43.899,00	----	----

	C	D	E	F	G	H
3	Absatzanalyse Bersch-Bohrmaschinen 2014					
5	geplante Absatzsteigerung im 2. Halbjahr			0,075		
7	Filiale	1. Halbjahr	2. Halbjahr	Gesamt-absatz	Anteil der Filiale am Gesamtabsatz	Beurteilung
8		in Stück				
9	Memmingen	25817	=D9*$F$5+D9	=SUMME(D9:E9)	=F9/$F$13	=WENN(F9<$F$14;"Aktion";"")
10	Ravensburg	19443	=D10*$F$5+D10	=SUMME(D10:E10)	=F10/$F$13	=WENN(F10<$F$14;"Aktion";"")
11	Friedrichshafen	23195	=D11*$F$5+D11	=SUMME(D11:E11)	=F11/$F$13	=WENN(F11<$F$14;"Aktion";"")
12	Überlingen	16170	=D12*$F$5+D12	=SUMME(D12:E12)	=F12/$F$13	=WENN(F12<$F$14;"Aktion";"")
13	Summe der Verkäufe:	=SUMME(D9:D12)	=SUMME(E9:E12)	=SUMME(F9:F12)	=F13/$F$13	----
14	Durchschnitt	=MITTELWERT(D9:D12)	=MITTELWERT(E9:E12)	=MITTELWERT(F9:F12)	----	----

Freie Aufgabe 1 (WENN)

Parkhaus GmbH

Gebühren:	**bis**	**1,00 h**	**kostenfrei**
	ab	**1,00 h**	**1,50 €/h**

Zeile	Dauerparker	Fahrzeug	Parkdauer in Min.	Kostenpflichtige Parkdauer in Min.	Dauerparker?	Gebühr
9	JA	BC-YB 952	342	282	0	- €
10		BC-GE 445	375	315	315	7,88 €
11	JA	BC-KW 845	655	595	0	- €
12		BC-IL 430	432	372	372	9,30 €
13		BC-HK 256	16	0	0	- €
14	JA	BC-VJ 31	231	171	0	- €
15		BC-BR 541	53	0	0	- €
16		BC-OA 975	369	309	309	7,73 €
17		BC-MA 884	4	0	0	- €
18		BC-VB 653	512	452	452	11,30 €
19		BC-IV 601	332	272	272	6,80 €
20		BC-KO 138	703	643	643	16,08 €
21		BC-BQ 114	112	52	52	1,30 €
22	JA	BC-MA 966	522	462	0	- €
23		BC-EQ 972	521	461	461	11,53 €
24		BC-LL 833	288	228	228	5,70 €
25	JA	BC-UA 607	432	372	0	- €
26		BC-RN 636	11	0	0	- €
27		BC-CH 674	615	555	555	13,88 €
28		BC-ZB 503	259	199	199	4,98 €
29		BC-OJ 502	195	135	135	3,38 €
30		BC-AE 917	326	266	266	6,65 €
31		BC-UI 704	71	11	11	0,28 €
32		BC-JD 995	33	0	0	- €
33	JA	BC-XS 117	478	418	0	- €
34		BC-FM 829	383	323	323	8,08 €
35		BC-AN 402	697	637	637	15,93 €
36		BC-VA 890	705	645	645	16,13 €

Summe der Parkgebühren	391,13 €
Durchschnittliche Parkdauer in Min.	335,92
Durchschnittliche kostenpflichtige Parkdauer in Min.	280,67

	C	D	E	F	G	H
1				**Parkhaus GmbH**		
2						
3	Gebühren:	bis	1	kostenfrei		
4		ab	1	1,5		
5						
6						
7						
8	Dauerparker	Fahrzeug	Parkdauer in Min.	Kostenpfl. Parkdauer in Min.	Dauerparker?	Gebühr
9	JA	BC-YB 952	342	=WENN(E9<60;0;E9-60)	=WENN(C9="JA";0;F9)	=G9/60*$F$4
10		BC-GE 445	375	=WENN(E10<60;0;E10-60)	=WENN(C10="JA";0;F10)	=G10/60*$F$4
11	JA	BC-KW 845	655	=WENN(E11<60;0;E11-60)	=WENN(C11="JA";0;F11)	=G11/60*$F$4
12		BC-IL 430	432	=WENN(E12<60;0;E12-60)	=WENN(C12="JA";0;F12)	=G12/60*$F$4
13		BC-HK 256	16	=WENN(E13<60;0;E13-60)	=WENN(C13="JA";0;F13)	=G13/60*$F$4
14	JA	BC-VJ 31	231	=WENN(E14<60;0;E14-60)	=WENN(C14="JA";0;F14)	=G14/60*$F$4
15		BC-BR 541	53	=WENN(E15<60;0;E15-60)	=WENN(C15="JA";0;F15)	=G15/60*$F$4
16		BC-OA 975	369	=WENN(E16<60;0;E16-60)	=WENN(C16="JA";0;F16)	=G16/60*$F$4
17		BC-MA 884	4	=WENN(E17<60;0;E17-60)	=WENN(C17="JA";0;F17)	=G17/60*$F$4
18		BC-VB 653	512	=WENN(E18<60;0;E18-60)	=WENN(C18="JA";0;F18)	=G18/60*$F$4
19		BC-IV 601	332	=WENN(E19<60;0;E19-60)	=WENN(C19="JA";0;F19)	=G19/60*$F$4
20		BC-KO 138	703	=WENN(E20<60;0;E20-60)	=WENN(C20="JA";0;F20)	=G20/60*$F$4
21		BC-BQ 114	112	=WENN(E21<60;0;E21-60)	=WENN(C21="JA";0;F21)	=G21/60*$F$4
22	JA	BC-MA 966	522	=WENN(E22<60;0;E22-60)	=WENN(C22="JA";0;F22)	=G22/60*$F$4
23		BC-EQ 972	521	=WENN(E23<60;0;E23-60)	=WENN(C23="JA";0;F23)	=G23/60*$F$4
24		BC-LL 833	288	=WENN(E24<60;0;E24-60)	=WENN(C24="JA";0;F24)	=G24/60*$F$4
25	JA	BC-UA 607	432	=WENN(E25<60;0;E25-60)	=WENN(C25="JA";0;F25)	=G25/60*$F$4
26		BC-RN 636	11	=WENN(E26<60;0;E26-60)	=WENN(C26="JA";0;F26)	=G26/60*$F$4
27		BC-CH 674	615	=WENN(E27<60;0;E27-60)	=WENN(C27="JA";0;F27)	=G27/60*$F$4
28		BC-ZB 503	259	=WENN(E28<60;0;E28-60)	=WENN(C28="JA";0;F28)	=G28/60*$F$4
29		BC-OJ 502	195	=WENN(E29<60;0;E29-60)	=WENN(C29="JA";0;F29)	=G29/60*$F$4
30		BC-AE 917	326	=WENN(E30<60;0;E30-60)	=WENN(C30="JA";0;F30)	=G30/60*$F$4
31		BC-UI 704	71	=WENN(E31<60;0;E31-60)	=WENN(C31="JA";0;F31)	=G31/60*$F$4
32		BC-JD 995	33	=WENN(E32<60;0;E32-60)	=WENN(C32="JA";0;F32)	=G32/60*$F$4
33	JA	BC-XS 117	478	=WENN(E33<60;0;E33-60)	=WENN(C33="JA";0;F33)	=G33/60*$F$4
34		BC-FM 829	383	=WENN(E34<60;0;E34-60)	=WENN(C34="JA";0;F34)	=G34/60*$F$4
35		BC-AN 402	697	=WENN(E35<60;0;E35-60)	=WENN(C35="JA";0;F35)	=G35/60*$F$4
36		BC-VA 890	705	=WENN(E36<60;0;E36-60)	=WENN(C36="JA";0;F36)	=G36/60*$F$4
37		BC-YG 832	505	=WENN(E37<60;0;E37-60)	=WENN(C37="JA";0;F37)	=G37/60*$F$4
38		BC-XC 575	500	=WENN(E38<60;0;E38-60)	=WENN(C38="JA";0;F38)	=G38/60*$F$4
39		BC-IH 364	676	=WENN(E39<60;0;E39-60)	=WENN(C39="JA";0;F39)	=G39/60*$F$4
40		BC-WS 60	221	=WENN(E40<60;0;E40-60)	=WENN(C40="JA";0;F40)	=G40/60*$F$4
41	JA	BC-VL 44	237	=WENN(E41<60;0;E41-60)	=WENN(C41="JA";0;F41)	=G41/60*$F$4
42		BC-GK 962	178	=WENN(E42<60;0;E42-60)	=WENN(C42="JA";0;F42)	=G42/60*$F$4
43	JA	BC-EV 15	675	=WENN(E43<60;0;E43-60)	=WENN(C43="JA";0;F43)	=G43/60*$F$4

	K	L
9	Summe der Parkgebühren	
10		= Summe(H9:H81)
11		
12	Durchschnittliche Parkdauer in Min.	
13		=Mittelwert(E9:E81)
14		
15	Durchschnittliche kostenpflichtige Parkdauer in Min.	
16		
17		=Mittelwert(F9:F81)

Freie Aufgabe 2 (SVERWEIS)

Schüler		Mathe	TEXT	Deutsch	TEXT	Englisch	TEXT
Tischer	Alfred	2	gut	4	ausreichend	4	ausreichend
Weber	Annemarie	1	sehr gut	2	gut	4	ausreichend
Günther	Beate	3	befriedigend	1	sehr gut	2	gut
Werner	Birgit	5	mangelhaft	4	ausreichend	4	ausreichend
Hose	Dieter	3	befriedigend	5	mangelhaft	2	gut
Meder	Doris	3	befriedigend	2	gut	3	befriedigend
Haupt	Ernst	6	ungenügend	5	mangelhaft	6	ungenügend
Menge	Eva	1	sehr gut	3	befriedigend	5	mangelhaft
Treffer	Eva	2	gut	1	sehr gut	6	ungenügend
Osten	Friedrich	4	ausreichend	2	gut	6	ungenügend
Held	Georg	1	sehr gut	2	gut	3	befriedigend
Trost	Gerhardt	1	sehr gut	2	gut	6	ungenügend
Seewald	Gustav	5	mangelhaft	1	sehr gut	6	ungenügend
Heine	Hans	1	sehr gut	4	ausreichend	3	befriedigend
Uhlrich	Harry	4	ausreichend	6	ungenügend	1	sehr gut
Bäcker	Helmut	3	befriedigend	4	ausreichend	1	sehr gut
Regel	Horst	5	mangelhaft	3	befriedigend	1	sehr gut
König	Inge	5	mangelhaft	1	sehr gut	1	sehr gut
Hage	Isolde	6	ungenügend	2	gut	5	mangelhaft
Oswald	Joachim	1	sehr gut	1	sehr gut	1	sehr gut
Löffler	Karl	2	gut	5	mangelhaft	4	ausreichend
Schönberg	Karl	1	sehr gut	3	befriedigend	4	ausreichend
Herzog	Karsten	4	ausreichend	5	mangelhaft	6	ungenügend
Fischer	Käte	6	ungenügend	2	gut	3	befriedigend
Kellner	Klaus	5	mangelhaft	6	ungenügend	4	ausreichend
Lorenz	Kurt	2	gut	6	ungenügend	2	gut
Wenzel	Lisbeth	1	sehr gut	6	ungenügend	5	mangelhaft
Kaiser	Manfred	4	ausreichend	4	ausreichend	6	ungenügend
Mörsig	Reimund	3	befriedigend	3	befriedigend	4	ausreichend
Ludwig	Robert	1	sehr gut	6	ungenügend	4	ausreichend
Michaelis	Roman	3	befriedigend	6	ungenügend	1	sehr gut
Zorn	Rosemarie	6	ungenügend	2	gut	4	ausreichend
Traber	Sven	5	mangelhaft	3	befriedigend	3	befriedigend
Wassermann	Wally	4	ausreichend	1	sehr gut	6	ungenügend
Kallmeier	Werner	6	ungenügend	5	mangelhaft	1	sehr gut
		3,29		3,37		3,63	

	Mathe	Deutsch	Englisch
1 sehr gut	9	6	7
2 gut	4	8	3
3 befriedigend	6	5	5
4 ausreichend	5	5	9
5 mangelhaft	6	5	3
6 ungenügend	5	6	8

	B	C	D	E	F	G	H	I
4	Schüler		Mathe	TEXT	eutsc	TEXT	Englisch	TEXT
5	Tischer	Alfred	**2**	=SVERWEIS(D5;$K$4:$L$9;2)	**4**	=SVERWEIS(F5;$K$4:$L$9;2)	**4**	=SVERWEIS(H5;$K$4:$L$9;2)
6	Weber	Annemarie	**1**	=SVERWEIS(D6;$K$4:$L$9;2)	**2**	=SVERWEIS(F6;$K$4:$L$9;2)	**4**	=SVERWEIS(H6;$K$4:$L$9;2)
7	Günther	Beate	**3**	=SVERWEIS(D7;$K$4:$L$9;2)	**1**	=SVERWEIS(F7;$K$4:$L$9;2)	**2**	=SVERWEIS(H7;$K$4:$L$9;2)
8	Werner	Birgit	**5**	=SVERWEIS(D8;$K$4:$L$9;2)	**4**	=SVERWEIS(F8;$K$4:$L$9;2)	**4**	=SVERWEIS(H8;$K$4:$L$9;2)
9	Hose	Dieter	**3**	=SVERWEIS(D9;$K$4:$L$9;2)	**5**	=SVERWEIS(F9;$K$4:$L$9;2)	**2**	=SVERWEIS(H9;$K$4:$L$9;2)
10	Meder	Doris	**3**	=SVERWEIS(D10;$K$4:$L$9;2)	**2**	=SVERWEIS(F10;$K$4:$L$9;2)	**3**	=SVERWEIS(H10;$K$4:$L$9;2)
11	Haupt	Ernst	**6**	=SVERWEIS(D11;$K$4:$L$9;2)	**5**	=SVERWEIS(F11;$K$4:$L$9;2)	**6**	=SVERWEIS(H11;$K$4:$L$9;2)
12	Menge	Eva	**1**	=SVERWEIS(D12;$K$4:$L$9;2)	**3**	=SVERWEIS(F12;$K$4:$L$9;2)	**5**	=SVERWEIS(H12;$K$4:$L$9;2)
13	Treffer	Eva	**2**	=SVERWEIS(D13;$K$4:$L$9;2)	**1**	=SVERWEIS(F13;$K$4:$L$9;2)	**6**	=SVERWEIS(H13;$K$4:$L$9;2)
14	Osten	Friedrich	**4**	=SVERWEIS(D14;$K$4:$L$9;2)	**2**	=SVERWEIS(F14;$K$4:$L$9;2)	**6**	=SVERWEIS(H14;$K$4:$L$9;2)
15	Held	Georg	**1**	=SVERWEIS(D15;$K$4:$L$9;2)	**2**	=SVERWEIS(F15;$K$4:$L$9;2)	**3**	=SVERWEIS(H15;$K$4:$L$9;2)
16	Trost	Gerhardt	**1**	=SVERWEIS(D16;$K$4:$L$9;2)	**2**	=SVERWEIS(F16;$K$4:$L$9;2)	**6**	=SVERWEIS(H16;$K$4:$L$9;2)
17	Seewald	Gustav	**5**	=SVERWEIS(D17;$K$4:$L$9;2)	**1**	=SVERWEIS(F17;$K$4:$L$9;2)	**6**	=SVERWEIS(H17;$K$4:$L$9;2)
18	Heine	Hans	**1**	=SVERWEIS(D18;$K$4:$L$9;2)	**4**	=SVERWEIS(F18;$K$4:$L$9;2)	**3**	=SVERWEIS(H18;$K$4:$L$9;2)
19	Uhlrich	Harry	**4**	=SVERWEIS(D19;$K$4:$L$9;2)	**6**	=SVERWEIS(F19;$K$4:$L$9;2)	**1**	=SVERWEIS(H19;$K$4:$L$9;2)
20	Bäcker	Helmut	**3**	=SVERWEIS(D20;$K$4:$L$9;2)	**4**	=SVERWEIS(F20;$K$4:$L$9;2)	**1**	=SVERWEIS(H20;$K$4:$L$9;2)
21	Regel	Horst	**5**	=SVERWEIS(D21;$K$4:$L$9;2)	**3**	=SVERWEIS(F21;$K$4:$L$9;2)	**1**	=SVERWEIS(H21;$K$4:$L$9;2)
22	König	Inge	**5**	=SVERWEIS(D22;$K$4:$L$9;2)	**1**	=SVERWEIS(F22;$K$4:$L$9;2)	**1**	=SVERWEIS(H22;$K$4:$L$9;2)
23	Hage	Isolde	**6**	=SVERWEIS(D23;$K$4:$L$9;2)	**2**	=SVERWEIS(F23;$K$4:$L$9;2)	**5**	=SVERWEIS(H23;$K$4:$L$9;2)
24	Oswald	Joachim	**1**	=SVERWEIS(D24;$K$4:$L$9;2)	**1**	=SVERWEIS(F24;$K$4:$L$9;2)	**1**	=SVERWEIS(H24;$K$4:$L$9;2)
25	Löffler	Karl	**2**	=SVERWEIS(D25;$K$4:$L$9;2)	**5**	=SVERWEIS(F25;$K$4:$L$9;2)	**4**	=SVERWEIS(H25;$K$4:$L$9;2)
26	Schönberg	Karl	**1**	=SVERWEIS(D26;$K$4:$L$9;2)	**3**	=SVERWEIS(F26;$K$4:$L$9;2)	**4**	=SVERWEIS(H26;$K$4:$L$9;2)
27	Herzog	Karsten	**4**	=SVERWEIS(D27;$K$4:$L$9;2)	**5**	=SVERWEIS(F27;$K$4:$L$9;2)	**6**	=SVERWEIS(H27;$K$4:$L$9;2)
28	Fischer	Käte	**6**	=SVERWEIS(D28;$K$4:$L$9;2)	**2**	=SVERWEIS(F28;$K$4:$L$9;2)	**3**	=SVERWEIS(H28;$K$4:$L$9;2)
29	Kellner	Klaus	**5**	=SVERWEIS(D29;$K$4:$L$9;2)	**6**	=SVERWEIS(F29;$K$4:$L$9;2)	**4**	=SVERWEIS(H29;$K$4:$L$9;2)
30	Lorenz	Kurt	**2**	=SVERWEIS(D30;$K$4:$L$9;2)	**6**	=SVERWEIS(F30;$K$4:$L$9;2)	**2**	=SVERWEIS(H30;$K$4:$L$9;2)
31	Wenzel	Lisbeth	**1**	=SVERWEIS(D31;$K$4:$L$9;2)	**6**	=SVERWEIS(F31;$K$4:$L$9;2)	**5**	=SVERWEIS(H31;$K$4:$L$9;2)
32	Kaiser	Manfred	**4**	=SVERWEIS(D32;$K$4:$L$9;2)	**4**	=SVERWEIS(F32;$K$4:$L$9;2)	**6**	=SVERWEIS(H32;$K$4:$L$9;2)
33	Mörsig	Reimund	**3**	=SVERWEIS(D33;$K$4:$L$9;2)	**3**	=SVERWEIS(F33;$K$4:$L$9;2)	**4**	=SVERWEIS(H33;$K$4:$L$9;2)
34	Ludwig	Robert	**1**	=SVERWEIS(D34;$K$4:$L$9;2)	**6**	=SVERWEIS(F34;$K$4:$L$9;2)	**4**	=SVERWEIS(H34;$K$4:$L$9;2)
35	Michaelis	Roman	**3**	=SVERWEIS(D35;$K$4:$L$9;2)	**6**	=SVERWEIS(F35;$K$4:$L$9;2)	**1**	=SVERWEIS(H35;$K$4:$L$9;2)
36	Zorn	Rosemarie	**6**	=SVERWEIS(D36;$K$4:$L$9;2)	**2**	=SVERWEIS(F36;$K$4:$L$9;2)	**4**	=SVERWEIS(H36;$K$4:$L$9;2)
37	Traber	Sven	**5**	=SVERWEIS(D37;$K$4:$L$9;2)	**3**	=SVERWEIS(F37;$K$4:$L$9;2)	**3**	=SVERWEIS(H37;$K$4:$L$9;2)
38	Wassermann	Wally	**4**	=SVERWEIS(D38;$K$4:$L$9;2)	**1**	=SVERWEIS(F38;$K$4:$L$9;2)	**6**	=SVERWEIS(H38;$K$4:$L$9;2)
39	Kallmeier	Werner	**6**	=SVERWEIS(D39;$K$4:$L$9;2)	**5**	=SVERWEIS(F39;$K$4:$L$9;2)	**1**	=SVERWEIS(H39;$K$4:$L$9;2)
40			=MITTELWERT(D5:D39)		=MITTELWERT(F5:F39)		=MITTELWERT(H5:H39)	

	K	L	M	N	O
4	1	sehr gut	=ZÄHLENWENN($D$5:$D$39;K4)	=ZÄHLENWENN($F$5:$F$39;K4)	=ZÄHLENWENN($H$5:$H$39;K4)
5	2	gut	=ZÄHLENWENN($D$5:$D$39;K5)	=ZÄHLENWENN($F$5:$F$39;K5)	=ZÄHLENWENN($H$5:$H$39;K5)
6	3	befriedigend	=ZÄHLENWENN($D$5:$D$39;K6)	=ZÄHLENWENN($F$5:$F$39;K6)	=ZÄHLENWENN($H$5:$H$39;K6)
7	4	ausreichend	=ZÄHLENWENN($D$5:$D$39;K7)	=ZÄHLENWENN($F$5:$F$39;K7)	=ZÄHLENWENN($H$5:$H$39;K7)
8	5	mangelhaft	=ZÄHLENWENN($D$5:$D$39;K8)	=ZÄHLENWENN($F$5:$F$39;K8)	=ZÄHLENWENN($H$5:$H$39;K8)
9	6	ungenügend	=ZÄHLENWENN($D$5:$D$39;K9)	=ZÄHLENWENN($F$5:$F$39;K9)	=ZÄHLENWENN($H$5:$H$39;K9)

Wiederholungsübungen

Summe, Mittelwert, MAX

Mitarbeiter	Arbeitsstunden	Stundensatz (€)
Anna	35	15
Bernd	40	18
Clara	38	17
David	42	20
Elisa	30	16
Felix	45	19
Greta	32	15
Hans	40	18
Ina	36	17
Jonas	41	20

Gesamtzahl der Arbeitsstunden	=SUMME(C3:C12)
ø Verdienst	=SUMMENPRODUKT(C3:C12;D3:D12)/ANZAHL(D3:D12)
Max Stundensatz	=MAX(D3:D12)

Alternative

Mitarbeiter	Arbeitsstunden	Stundensatz (€)	Verdienst
Anna	35	15	=C17*D17
Bernd	40	18	=C18*D18
Clara	38	17	=C19*D19
David	42	20	=C20*D20
Elisa	30	16	=C21*D21
Felix	45	19	=C22*D22
Greta	32	15	=C23*D23
Hans	40	18	=C24*D24
Ina	36	17	=C25*D25
Jonas	41	20	=C26*D26

Gesamtzahl der Arbeitsstunden	=SUMME(C17:C26)
ø Verdienst	=MITTELWERT(E17:E26)
Max Stundensatz	=MAX(D17:D26)

Mitarbeiter	Arbeitsstunden	Stundensatz (€)
Anna	35	15
Bernd	40	18
Clara	38	17
David	42	20
Elisa	30	16
Felix	45	19
Greta	32	15
Hans	40	18
Ina	36	17
Jonas	41	20

Gesamtzahl der Arbeitsstunden	379
ø Verdienst	669,80 €
Max Stundensatz	20,00 €

Alternative

Mitarbeiter	Arbeitsstunden	Stundensatz (€)	Verdienst
Anna	35	15	525,00 €
Bernd	40	18	720,00 €
Clara	38	17	646,00 €
David	42	20	840,00 €
Elisa	30	16	480,00 €
Felix	45	19	855,00 €
Greta	32	15	480,00 €
Hans	40	18	720,00 €
Ina	36	17	612,00 €
Jonas	41	20	820,00 €

eitsstunden	379
ø Verdienst	669,80 €
Stundensatz	20,00 €

Wenn

	A	B	C	D	E	F
1		**Monat**	**Einnahmen**	**Ausgaben**	**Gewinn**	**Status**
2		Januar	12,00 €	8,00 €	4,00 €	Profit
3		Februar	15,00 €	10,00 €	5,00 €	Profit
4		März	11,00 €	12,00 €	- 1,00 €	Verlust
5		April	14,00 €	9,00 €	5,00 €	Profit
6		Mai	13,00 €	8,50 €	4,50 €	Profit
7		Juni	16,00 €	11,00 €	5,00 €	Profit
8		Juli	15,50 €	9,50 €	6,00 €	Profit
9		August	14,50 €	10,00 €	4,50 €	Profit
10		September	12,50 €	12,50 €	- €	Verlust
11		Oktober	17,00 €	11,50 €	5,50 €	Profit
12		November	14,00 €	10,50 €	3,50 €	Profit
13		Dezember	18,00 €	12,00 €	6,00 €	Profit

	A	B	C	D	E	F
1		**Monat**	**Einnahmen**	**Ausgaben**	**Gewinn**	**Status**
2		Januar	12	8	=C2-D2	=WENN(E2>0;"Profit";"Verlust")
3		Februar	15	10	=C3-D3	=WENN(E3>0;"Profit";"Verlust")
4		März	11	12	=C4-D4	=WENN(E4>0;"Profit";"Verlust")
5		April	14	9	=C5-D5	=WENN(E5>0;"Profit";"Verlust")
6		Mai	13	8,5	=C6-D6	=WENN(E6>0;"Profit";"Verlust")
7		Juni	16	11	=C7-D7	=WENN(E7>0;"Profit";"Verlust")
8		Juli	15,5	9,5	=C8-D8	=WENN(E8>0;"Profit";"Verlust")
9		August	14,5	10	=C9-D9	=WENN(E9>0;"Profit";"Verlust")
10		September	12,5	12,5	=C10-D10	=WENN(E10>0;"Profit";"Verlust")
11		Oktober	17	11,5	=C11-D11	=WENN(E11>0;"Profit";"Verlust")
12		November	14	10,5	=C12-D12	=WENN(E12>0;"Profit";"Verlust")
13		Dezember	18	12	=C13-D13	=WENN(E13>0;"Profit";"Verlust")
14						

Lernfeld 2: Büroprozesse gestalten und Arbeitsvorgänge organisieren

1 Gestaltung der Arbeitsumgebung

1. **Gesetze:**
   - Arbeitsschutzgesetz (ArbSchG)
   - Arbeitssicherheitsgesetz (ASiG)
   - Arbeitszeitgesetz (ArbZG)

   Verordnungen:
   - Arbeitsstättenverordnung (ArbStättV)
   - Unfallverhütungsvorschriften (UVV)

2. **Gruppen- oder Teambüro:**
   Diese Büroraumform ist für Teams geeignet, die einem Aufgabenbereich angehören oder in einer Abteilung (z. B. Einkauf, Verkauf, Personalabteilung) arbeiten. Die Anordnung der Arbeitsplätze ist flexibel und jederzeit veränderbar. Unter Gruppen- oder Teambüros versteht man Räumlichkeiten für ca. drei bis 25 Personen.

Vorteile	Nachteile
• bessere Raumausnutzung • erhöhter Kommunikationsaustausch • gemeinsame Nutzung von Arbeitsmitteln	• Störungen durch Besucher, Telefongespräche, Büromaschinengeräusche • eingeschränktes individuelles Arbeiten • verminderte Privatsphäre

Großraumbüro:
In einem Großraumbüro werden viele an einem Arbeitsablauf beteiligte Unternehmensbereiche räumlich zusammengefasst, um Arbeitsprozesse zu optimieren. Durch bewegliche Stellwände, Schränke und Wandsysteme können mit geringem Aufwand Arbeitsbereiche voneinander getrennt werden, sodass ein Raum-in-Raum-System entsteht. Großraumbüros haben eine Bürofläche von mehreren hundert Quadratmetern.

Vorteile	Nachteile
• kurze Kommunikations- und Transportwege • Optimierung der Arbeitsabläufe • Förderung der Teamarbeit • wirtschaftliche Flächennutzung	• erhöhter Lärmpegel • eingeschränktes konzentriertes Arbeiten • individuell regulierbaren Umgebungsbedingungen (Klima, Beleuchtung) • fehlende Privatsphäre

3. Der Begriff **Ergonomie** setzt sich aus den griechischen Wörtern „ergon" (Arbeit) und „nomos" (Gesetz, Regel) zusammen. Darunter versteht man die Anpassung der Arbeitsbedingungen an den Menschen. Ziel ist es, eine gute Arbeitsatmosphäre zu schaffen und bestmögliche Arbeitsbedingungen so zu gestalten, dass der Beschäftigte seine Arbeitsaufgabe optimal erfüllen kann. Wird die Arbeitsumgebung von den Beschäftigten positiv bewertet, so sind sie engagierter, kreativer und produktiver.

   Vorteile der Ergonomie am Arbeitsplatz:
   - niedrigere Arbeitsbelastung
   - Steigerung der Leistungsfähigkeit
   - zunehmende Motivation und Arbeitszufriedenheit
   - verbessertes Betriebsklima
   - geringere chronische gesundheitliche Beschwerden
   - Imageaufwertung für das Unternehmen

4. **Anforderungen an Bürodrehstuhl:**
   - höhenverstellbar mittels Sicherheitsgasdruckfeder und Sitzfederung
   - permanent neigbare Rückenlehne mit individueller Gewichtseinstellung
   - flexible und bewegungsfördernde Rückenlehne
   - Sitzneige- und Sitztiefenverstellung
   - anatomisch geformte Sitzfläche mit abgerundeter Vorderkante
   - höheneinstellbare Armlehnen
   - luftdurchlässiger, antistatischer und rutschfester Bezugsstoff, der austauschbar ist
   - atmungsaktive Polsterung

5. **Optimaler Bildschirmarbeitsplatz:**
   - Flachbildschirme sollten blendfrei, strahlungsarm und energiesparend sein.
   - Der Abstand zum Bildschirm richtet sich nach der Bildschirmgröße.
   - Der Monitor sollte frontal zum Gesichtsfeld stehen und leicht nach hinten gekippt sein.
   - Empfehlenswert: Positivdarstellung der Schrift, d. h. dunkle Schrift auf hellem Untergrund
   - Bildschirm parallel zur Fensterfront platzieren, um ein Blenden durch einfallendes Licht zu verhindern

2 Belastungen am Arbeitsplatz und Strategien zur Bewältigung

1. a) **Auswirkungen durch Stress:**
   - gesundheitliche Beeinträchtigungen
   - Nachlassen der Arbeitsleistung
   - unzureichende Qualität der Arbeit
   - Unzufriedenheit, Gereiztheit
   - beginnende Depression
   - Burn-out-Syndrom

   b) **Maßnahmen zur Stressbewältigung:**
   - Entspannungsübungen
   - bewusste Pausen einlegen
   - ausreichend schlafen
   - ausgewogene Ernährung
   - Sport treiben
   - realistische Ziele setzen

2. **Eustress = positiv empfundener Stress**
   Dieser Stress wird nicht als Belastung empfunden. Wird eine Tätigkeit mit Begeisterung und Freude erledigt, kann diese auch unter Zeitdruck ausgeführt werden ohne Stressempfinden.

   Disstress = negativ empfundener Stress
   Stress wird negativ verspürt, wenn er über eine längere Zeit besteht. Dann wirkt sich Stress schädlich auf die Gesundheit aus und kann zu Burn-out führen.

3. a) **Maßnahmen des Arbeitsgebers zur Erhaltung und Förderung der Gesundheit der Beschäftigten:**
   - ergonomische Arbeitsplatzgestaltung
   - Berücksichtigung der Arbeitssicherheit
   - flexible Arbeitszeiten
   - hohe Arbeitsbelastungen ausgleichen
   - gesundheitsförderndes Kantinenessen
   - Präventionsmaßnahmen anbieten
   - Kurse zur Bewegungsförderung, Ernährung, Stressbewältigung und Raucherentwöhnung
   - Führungskräfteseminare zum Umgang mit belasteten Mitarbeiter/-innen
   - Ansprechpartner für Probleme (Mobbing)

   b) **Vorteile für den Arbeitgeber:**
   - höhere Motivation der Beschäftigten
   - größere Leistungsbereitschaft
   - Steigerung der Qualität und Produktivität
   - geringere krankheitsbedingte Kosten
   - weniger Fluktuation
   - verbessertes Betriebsklima
   - besseres Image des Unternehmens

4. **Gesundheitliche Gefahren im Büro:**
   - Lebensgefahr durch Notausgänge, die durch Materialien oder Altpapier blockiert sind
   - Gefährdung durch abgestellte Kisten oder Kartons in häufig benutzten Durchgangsbereichen
   - Stolperfallen bei unsachgemäß verlegten Kabeln
   - schlechte Sicht durch unzureichende Arbeitsplatzbeleuchtung
   - unsachgemäßer Umgang mit dem Schneidegerät
   - gesundheitliche Beeinträchtigung durch Emissionen aus Druckern und Kopierern
   - Stoßgefahr bei zu niedrig platzierten Regalen in Kopfhöhe
   - Verletzungen durch scharfe Ecken und Kanten an Büromöbeln
   - Fallrisiko bei unebenen, abgenutzten, glatten oder nassen Böden
   - Sturzgefahr bei Verwendung eines Bürorollstuhls als Leiterersatz
   - Probleme bei offen stehenden Schubladen oder Schranktüren
   - Verletzungen durch herumliegende Stecknadeln, Reißzwecken oder andere scharfe spitze Gegenstände

3 Arbeitsprozesse effizient gestalten

1. **ABC-Analyse:**
   In der ABC-Analyse werden Aufgaben, Probleme oder Aktivitäten in drei Aufgabenbereiche bzw. Dringlichkeitsstufen eingeteilt: A-, B- und C-Aufgaben. Priorität haben die A-Aufgaben, die am stärksten zum Erfolg führen. Bei den B-Aufgaben sind Zeitaufwand und Ertrag gleichrangig. Die C-Aufgaben beanspruchen die meiste Zeit bei geringstem Arbeitserfolg.

   Alpen-Methode:
   Die Alpen-Methode ist eine einfache Technik aus dem Zeitmanagement und zielt darauf ab, den Tagesablauf anhand von Tagesplänen zu strukturieren. Bei dieser Methode wird durch wenig Aufwand ein effektives Zeitmanagement erreicht.

   Eisenhower-Prinzip:
   Der Name dieser Zeitplanungsmethode geht auf den amerikanischen General und späteren US-Präsidenten Eisenhower zurück. Er erkannte, dass jede Tätigkeit immer sowohl von einer Dringlichkeits-Priorität als auch von einer Wichtigkeits-Priorität bestimmt ist: Nicht alles, was wichtig ist, ist auch dringlich und umgekehrt.

   Pareto-Prinzip:
   Das Pareto-Prinzip lässt sich auch auf die Arbeitsplanung übertragen. Untersuchungen zur Arbeitseffektivität haben ergeben, dass 20 % der Aktivitäten so wichtig sind, dass mit ihrer Erledigung 80 % des möglichen Erfolgs erzielt werden. Die Effektivität einer Tätigkeit lässt sich daher nicht unbedingt an deren Bearbeitungszeit festmachen.

2.

Zeitdiebe, Zeitfallen	Problembeseitigung
fehlende Ziele	• Ziele exakt festlegen • Was sollte } ich erreichen? • Was kann } ich erreichen? • Was will } ich erreichen?
Perfektionismus	• eigene Ansprüche anpassen • sich nicht mit anderen vergleichen • klar und strukturiert vorgehen
planloses Arbeiten	• Prioritäten setzen • Tagesziele schriftlich notieren
Unangenehmes aufschieben	• besser zuerst erledigen • Aufgaben in kleine Schritte zerlegen
mangelnde Selbstdisziplin	• kontrolliert die eigenen Pläne umsetzen • aktiv werden • sich eine Belohnung versprechen
nicht Nein sagen können	• lernen, Nein zu sagen • Aufgaben an andere delegieren

Zeitdiebe, Zeitfallen	Problembeseitigung
zu lange Besprechungen und Meetings	• Tagesordnung einhalten • Zeitlimit setzen • Kommunikationsregeln beachten
unangesagter Besuch von Kollegen/Kolleginnen	• Gespräche planen • Unwichtiges delegieren
häufige Telefonanrufe	• Rückruf vereinbaren • „stille Stunde“ einführen und im Tagesplan festhalten
ungünstige Arbeitsbedingungen	• Ursachen beseitigen • Absprache mit Kollegen/Kolleginnen

3. **Ziele beim Selbstmanagement:**
   - Steigerung der Effizienz der eigenen Arbeitsleistung
   - Prioritäten und Schwerpunkte durch sinnvolle Vorbereitung erkennen
   - Entscheidung, Planung und Gestaltung der Handlungen

4 Terminplanung

1. **Termineintragung am Jahresanfang:**
   Fixe (= feststehende) Termine werden am Jahresanfang in den Terminkalender eingetragen, um späteren Überschneidungen vorzubeugen. Diese können sein: Geburtstage, Steuertermine, Jubiläen, Ferien, Ausstellungen, Messen.

2. Bei **fixen Terminen** handelt es sich um festgesetzte Zeitpunkte, die am besten am Jahresanfang oder schon am Jahresende für das kommende Jahr eingetragen werden.

   Variable Termine sind bewegliche Termine, die unregelmäßig anfallen und sich verändern können. Zur besseren Unterscheidung zwischen fixen und variablen Terminen ist es sinnvoll, verschiedene Farben für die Eintragung zu verwenden.

3. **Hilfsmittel zur Terminüberwachung:**
   - **Terminkalender**: Erhältlich in verschiedenen Ausführungen, je nach Verwendungszweck eingeteilt in Jahres-, Monats- oder Tagesübersichten; es gibt sie als Wand-, Tisch- oder Taschenkalender.
   - **Terminplaner:** Jahresübersicht an der Wand, eingeteilt in Monate, Wochen und Tage; eignet sich für langfristige Terminplanung
   - **Planungstafel**: Terminübersicht für das ganze Jahr; Steck-, Haft- oder Magnettafeln
   - **Terminmappen**: zur Aufbewahrung von Schriftstücken für die Wiedervorlage oder Bearbeitung; Hängemappen oder Pultordner mit Fächern
   - **Terminkartei**: für immer wiederkehrende Termine; Karteikarte für jeden Tag oder jeden Monat
   - **Elektronische Medien**: Termine werden im Computer mittels einer Anwendersoftware verwaltet und kontrolliert.

4. **Problemvermeidung bei der Terminplanung:**
   - sofortiger Eintrag neuer Termine
   - regelmäßige Terminabstimmung zwischen Chef/-in und Assistent/-in
   - Pufferzeiten einplanen
   - Vor- und Nacharbeiten bei der Terminfestlegung berücksichtigen
   - Termine für den nächsten Arbeitstag am Tag davor durchsehen

5 Sitzungen und Besprechungen

1. **Angaben für ein Einladungsschreiben:**
   - Anlass bzw. Thema der Veranstaltung
   - Zeitplan für die Tagung (Datum, Beginn, Ende)
   - Tagungsort mit genauer Anschrift, Stockwerk und Raum
   - Stadtplan bzw. Skizze über Zufahrtsmöglichkeiten für Pkw-Fahrer
   - Parkmöglichkeiten
   - Erreichbarkeit mit öffentlichen Verkehrsmitteln für Bahnreisende
   - Tagesordnung (Programmablaufplan)
   - Namen der Referenten/Referentinnen
   - Hinweis auf Unterlagen, die mitzubringen sind
   - Hinweis auf Kleidung bei festlichen Anlässen
   - Teilnehmergebühren (Zahlungsart, Bankverbindung)
   - Anmeldeschluss (Antwortkarte beilegen)
   - Klärung von Kostenübernahmen
   - Unterkunftsregelung
   - Rahmenprogramm (Abendveranstaltung, Stadtführung, Ausflüge etc.)

2. Die **Tagesordnung** bezieht sich lediglich auf die einzelnen Besprechungspunkte, die nacheinander abgearbeitet werden.

   Das **Tagungsprogramm** enthält den genauen Ablauf der Sitzung mit Uhrzeitangabe, Beginn, Ende, Pausenregelung, Mittagessen, Dauer der Referate und Workshops, Hinweise auf Diskussionsmöglichkeiten, Rahmenprogramm.

3. **Rahmenprogramm:**
   Veranstaltung außerhalb der Tagung zur Auflockerung, zum besseren Kennenlernen der Teilnehmerinnen und Teilnehmer, zu zwanglosen Gesprächen, zur Motivation in Form einer Betriebsbesichtigung, einer Abendveranstaltung, eines Besuchs eines Museums o. Ä.

4. **Konferenzraum überprüfen:**
   - Überprüfung des Konferenzraumes im Hinblick auf Sauberkeit und Ordnung (lüften, Heizung)
   - Ausschmückung je nach Jahreszeit
   - elektrische Anlagen wie Licht, Mikrofon, Kabel
   - Betriebsbereitschaft der Geräte wie Beamer, Visualizer, Presenter, Projektionswand, Verdunkelung, ggf. WLAN für Teilnehmende
   - zusätzliche Hilfsmittel wie Rednerpult, Flipchart, Haftwand
   - Verbrauchsmaterial für die Referenten/Referentinnen in Form von Kreide, Farb- und Folienstiften
   - Garderobe
   - evtl. Namensschilder

5. **Abschlussarbeiten bei Tagungen:**
   - Protokoll schreiben, vervielfältigen und den Teilnehmenden zusenden
   - Informationsmaterial zusammenstellen und verteilen
   - Dankschreiben an die vortragende Person und die Gesprächsleitung
   - Abrechnung mit Hotel, Referenten/Referentinnen und sonstigen Beteiligten
   - Bezahlen von Trinkgeldern (Kellner/-in, Garderobenpersonal usw.)
   - Ermittlung der Gesamtkosten
   - Erledigung bzw. Kontrolle von Konferenzbeschlüssen
   - Aufräumen der Tagungsräume
   - Versorgung der Geräte, Hilfsmittel, Materialien
   - Anberaumung einer Manöverkritik für alle an der Veranstaltung Beteiligten (Verantwortliche und Mitarbeitende): „Was kann beim nächsten Mal besser gemacht werden?“

6. **Aufbau eines Protokolls:**

   Protokollkopf
   - Protokollbezeichnung
   - Anlass
   - Verantwortlicher, Veranstalter, Unternehmen
   - Bezeichnung der Besprechungsgruppe
   - Datum, Zeit (Anfangs- und Schlusszeiten)
   - Ort, Raum
   - Vorsitz, Leitung oder Moderation
   - Teilnehmer/-innen (An- und Abwesende)
   - Protokollführung

   Protokollhauptteil
   - Thema/Tagesordnungspunkte (TOP)
   - Termin-/Aktionsspalte
   - Verlauf, Beschlüsse und Ergebnisse der Veranstaltung

   Protokollschluss
   Ein Protokollschluss beinhaltet folgende Angaben:
   - Protokollbeschlüsse
   - Ort und Datum der Erstellung des Protokolls
   - rechtsverbindliche elektronische oder handschriftliche Unterschrift von Protokollführung und Sitzungsleitung. Ein Protokoll wird am Protokollschluss unterschrieben. Ein Protokollant bestätigt mit der Unterschrift den Inhalt, die Leitung bestätigt mit der Unterschrift die Richtigkeit des Protokolls.
   - Anlagen
   - Verteiler

7. **Eigenschaften Ergebnisprotokoll:**
   - knappe und klare Formulierung der Ergebnisse, Beschlüsse und Anträge
   - kein Aufzeigen, wie es zu den Beschlüssen gekommen ist
   - von Inhalt und Umfang her kurze, aber unmissverständliche Darstellung

6 Postbearbeitung

1. **Kontrollen beim Öffnen der Eingangspost:**
   - **Datumskontrolle:** bei großen Abweichungen Kuvert an Brief heften
   - **Anlagenkontrolle:** fehlende Anlagen auf Brief vermerken
   - **Leerkontrolle:** kleine Schriftstücke könnten übersehen werden (Schecks, Briefmarken)

2. **Möglichkeiten der Postverteilung:**
   - Rohrpost
   - Aktenaufzug
   - Behälter- und Bandförderanlagen
   - selbstfahrender Umlaufwagen
   - Bote mit entsprechenden Mappen oder Körben

3. **Falzarten für Briefhüllen DL:** Wickelfalz, Zickzackfalz bzw. Leporellofalz
   Beachten Sie, dass die Anschrift vollständig lesbar sein muss. Aufgedruckte Faltmarken ermöglichen ein exaktes Falten.

4. **Poststraße:**
   - Zusammentragmaschine
   - Brieffalzmaschine
   - Kuvertiermaschine
   - Briefschließmaschine
   - Frankiermaschine

5. **Basisprodukte bei Inlandsbriefen:**

Versendungsart	Gewicht	Größe	Höhe	Formate
Standardbrief	bis 20 g	min. 14 × 9 cm max. 23,5 × 12,5 cm	bis 0,5 cm	C6, B6, DL
Kompaktbrief	bis 50 g	min. 10 × 7 cm max. 23,5 × 12,5 cm	bis 1,0 cm	C6, B6, DL
Großbrief	bis 500 g	min. 10 × 7 cm max. 35,3 × 25 cm	bis 2,0 cm	C5, B5, C4, B4
Maxibrief	bis 1.000 g	min. 10 × 7 cm max. 35,3 × 25 cm	bis 5,0 cm	C5, B5, C4, B4

6. **DIALOGPOST:**

   Als DIALOGPOST gelten alle Sendungen, die einen rein werblichen Hauptzweck haben, z. B. Mitteilungen, die der Kunden- oder Mitgliederbindung und -gewinnung dienen.

   Alle Sendungen haben

   - den gleichen einzigen Absender,
   - die gleiche innere und äußere Anschrift,
   - das gleiche Hüllenformat,
   - die gleiche Frankierung innerhalb einer Einlieferung und
   - das gleiche Basisformat.

7. Das **Einschreiben Einwurf** wird dem Empfänger nicht persönlich ausgehändigt, sondern in den Briefkasten oder das Postfach eingeworfen. Der Einwurf wird von der Post bestätigt.

   Beim „normalen“ **Einschreiben** wird die Sendung dem Empfänger oder einem sonstigen Empfangsberechtigten persönlich übergeben und von diesem quittiert.

8. Die Briefsendung darf bei 80 g/m^2 höchstens drei Blätter umfassen.

9. **Gewichtsbeschränkung bei Paketen der Deutschen Post:**
   Die Post befördert Pakete bis zu einem Höchstgewicht von 31,5 kg. In diesem Fall kämen evtl. private Kurierdienste, die Deutsche Bahn AG oder eine Spedition infrage.

10. **Einschreiben Rückschein**
    - Der Empfänger bzw. Empfangsberechtigte dokumentiert den Empfang der Sendung mit seiner Unterschrift, z. B. auf dem Handscanner des Zustellers.
    - Die Zustellbestätigung wird automatisch an die Absenderadresse geschickt und enthält die digitalisierte Empfängerunterschrift und ein Sendungsbild.

11. **DHL Express Easy**
    - Die Zustellung von Briefsendungen erfolgt innerhalb Deutschlands am nächsten Werktag.
    - Auf Wunsch kann die Zustellung vor 09:00 Uhr, 10:00 Uhr oder 12:00 Uhr erfolgen – Zusatzkosten fallen hierfür an.

12. a) Warensendung Standard, verschlossener Versand
    b) Großbrief, billiger als Päckchen
    c) **Postaktuell**
    Unadressierte inhaltsgleiche Werbesendungen (Werbeprospekte, Flyer) werden an ausgewählte Haushalte mit der Tagespost oder an alle Haushalte zugestellt.
    d) Einschreiben oder Einschreiben Rückschein

7 Aufbewahrung von Dokumenten und Schriftstücken

1. **Gründe für die Schriftgutablage:**
   - **Gesetzliche Gründe:** Rechtsvorschriften im HGB und AO schreiben die Aufbewahrungsfristen vor.
   - **Betriebliche Gründe:** als Arbeits- und Beweismittel, zur Auskunft und Kontrolle, als Vorlage bei ähnlichen Fällen

2. **Kriterien für den Standort einer Ablage:**
   - Wie oft werden die Unterlagen genutzt?
   - Von wem werden die Unterlagen benötigt?
   - Wie schnell muss zugegriffen werden?
   - Wie viele Mitarbeiter/-innen benötigen das Schriftgut?
   - Handelt es sich um aktuelle oder abgeschlossene Akten?

3. **Standorte der Schriftgutablage:**
   - Arbeitsplatzregistratur
   - Abteilungs-/Bereichsregistratur
   - Zentralregistratur
   - Altablage
   - Archiv

4. **Beispiele für Wertstufen:**

Wertstufen	Erstes Beispiel	Zweites Beispiel
Tageswert	Werbesendungen, Zeitungen	unverlangte Angebote, Wurfsendungen
Prüfwert	Mahnungen, Bewerbungen, Kataloge	Angebote ohne Auftragsfolge, Preislisten
Gesetzeswert	6 Jahre: Handelsbriefe, Angebote mit Auftragsfolge, Bestellungen	10 Jahre: Rechnungen, Handelsbücher, Inventare, Bilanzen
Dauerwert	Firmengründungsunterlagen, Grundstückskaufverträge	Patentschriften, Gesellschaftsverträge

5. **Tag der Bearbeitung: 20. Mai 2025**

Schriftstück (Beschreibung):	Wertstufe:	Aufbewahrungsort:	Vernichtungsdatum:
1. Gründungspapiere des Unternehmens	Dauerwert	Archiv	–
2. Ausgangsrechnung an Wilhelm GmbH aus dem Jahr 2024	Gesetzeswert	Altablage	01.01.2035
3. Tageszeitung von gestern	Tageswert bzw. ohne Wert	vernichten	sofort

Schriftstück (Beschreibung):	Wertstufe:	Aufbewahrungsort:	Vernichtungsdatum:
4. Betriebsanleitung für die Datenverarbeitungssysteme der Wilhelm GmbH von vor einigen Jahren 2019	Gesetzeswert	Abteilungsablage	01.01.2030
5. Auftragsbestätigung zu einem aktuellen Auftrag aus diesem Jahr	Prüfwert	Arbeitsplatzablage später Altablage	01.01.2032
6. Pachtvertrag, der im Jahr 2024 abgelaufen ist	Gesetzeswert	Altablage	01.01.2031
7. Lieferscheine des Jahres 2023	Gesetzeswert	Altablage	01.01.2030
8. Kontoauszüge vom September 2022	Gesetzeswert	Abteilungsablage, später Altablage	01.01.2033
9. Einladung zu einer Produktveranstaltung im kommenden Monat 2025	Tageswert	Arbeitsplatzablage	nach Ablauf der Veranstaltung
10. Gründungspapiere des Unternehmens	Dauerwert	Archiv	–

6. **Gründe für die elektronische Archivierung:**
   - hohe Speicherkapazität auf kleinstem Raum
   - schneller Zugriff in wenigen Sekunden durch vielfältige Suchmöglichkeiten
   - Einsparung von Arbeitszeit bei der Durchführung von Registraturarbeiten
   - Kosteneinsparung durch weniger Platzbedarf, Schriftgutbehälter, Schränke
   - verschiedene Einsatzmöglichkeiten durch entsprechende Software

7. + 8.

Aufgabe 6

Mager, Karl
Mahler, Markus
Maier & Co.
Maier, Egon
Maier, Gebr.
Maiering, Martin
Mair, Alfred
Maler, Fritz
Meier, Peter
Meyer, Otto

Aufgabe 7

Römer, Fritz
Roessle
Rößler, A.
Roeßler, Annegret
Rößler, Gebr.
Rößler, Ilse
Rose, Karin
Roßmann, Peter

9. **Nachteil der numerischen Ordnung:** Zum besseren Auffinden eines Begriffes muss ein Suchindex angelegt werden.

10. Bei der **dekadischen Ordnung** werden Ziffern von 0–9 (Zehnergruppe = Dekade) verwendet. Die Ordnung kann in Hauptgruppen, Gruppen und Untergruppen eingeteilt werden.

11. Bei der **chronologischen Ordnung** wird nach Datum geordnet. Sie wird meist innerhalb einer Hauptordnung angewandt.

8 Kommunikationsfähigkeit

1. **Verbale Kommunikation:**
   - erfolgt mündlich oder schriftlich
   - Informationsübermittlung durch direkte persönliche Sprache oder über weite Entfernungen mithilfe von Medien
   - Verständigung auch schriftlich mittels Informationsträgern

   Nonverbale Kommunikation:
   - durch Körperausdruck, Blickkontakt, Mimik und Gestik
   - Kommunikation durch sichtbare Körpersprache mit Blickkontakt, Körperhaltung, Gestik, Mimik, Distanz
   - nicht an Sprache gebunden

2. **Kriterien für eine gute Gesprächsvorbereitung:**

Gespräch zielgerichtet vorbereiten	• Ziel bestimmen • inhaltlich vorbereiten • Gesprächsstrategie überlegen • den eigenen Verhandlungsrahmen klären
Sich auf den Gesprächspartner einstellen	• Gesprächspartner als gleichberechtigten Partner sehen • auf Wortwahl und Tonfall achten
Gesprächsteilnehmer/-innen ausreden lassen	• der Person nicht ins Wort fallen • Gespräch wird sonst unproduktiv oder hektisch.
Vielredner stoppen	• sich nicht zuschütten lassen • höflich unterbrechen • genau abwägen, wo eine solche Methode angewandt werden darf
Ziel des Gesprächs im Auge behalten	• während des Gesprächs Zielsetzung beachten • sich auf Wesentliches konzentrieren
Aktiv zuhören	• Interesse am Gesprächsinhalt zeigen • nur in Ausnahmesituationen das Gespräch unterbrechen • sich dafür beim Gegenüber freundlich entschuldigen
Sich kurzfassen	• keine minutenlangen Monologe halten • Kommunikation ist immer zweiseitig. • Zeit ist Geld.
Keine Bevorzugung einzelner Gesprächsteilnehmer/-innen	• Die Gesprächsleitung achtet darauf, dass niemand zu lange redet. • andere zu Wort kommen lassen
Zusammenfassung des Gesprächsinhalts	am Ende des Gesprächs kurz zusammenfassen

3. **Offene Fragen** beginnen mit einem Fragewort und lassen eine Meinungsäußerung des Gesprächspartners zu.

   Geschlossene Fragen beginnen mit einem Verb oder Hilfsverb, worauf der Gesprächspartner nur mit „Ja“, „Nein“ oder „Vielleicht“ antworten kann.

4. **Selbstwirksamkeit** bedeutet, dass wir davon überzeugt sind, über die notwendigen Ressourcen zur Bewältigung von schwierigen Aufgaben zu verfügen. Von dieser Überzeugung hängt es ab, ob wir erfolgreich sind oder nicht. Das heißt, unser Erfolg hängt also nicht allein von unseren tatsächlichen Fähigkeiten ab, sondern von einer starken Selbstwirksamkeit.

   Selbsteinschätzung besteht darin, sich selbst richtig zu beurteilen. Eine realistische und objektive Selbsteinschätzung ist notwendig, um zu erkennen, welche Fähigkeiten man hat und welchen Aufgaben man gewachsen ist. Dazu gehören nicht nur Stärken, über die man sich besonders freut, sondern auch Schwächen, die man verbessern kann. Durch konstruktives Feedback von Mitarbeitenden und Vorgesetzten können wir eine objektive Selbsteinschätzung lernen.

5. **Vorteile der Teamarbeit:**
   - Reduzierung des Planungs- und Kontrollaufwands der Vorgesetzten
   - Steigerung der Kreativität – dadurch bessere Ergebnisse
   - schnellerer Informationsfluss und Kommunikation
   - bessere Nutzung der Erfahrungen unterschiedlicher Mitarbeiterinnen und Mitarbeiter
   - flexiblere Reaktion auf veränderliche Anforderungen
   - wachsendes Problemverständnis der Beteiligten
   - mehr Freiräume der Teammitglieder
   - stärkere Identifizierung der Mitarbeitenden mit dem Unternehmen
   - Zunahme der Motivation und Arbeitszufriedenheit der Beteiligten

9 Prüfungsaufgaben zum Lernfeld 2

Prüfungsaufgaben Winter 2015/2016 (Aufgabe 1, teilweise, verändert)

1.1.1

To-do-Liste für den 13.11.2015:

1. Rückruf bei Catering-Service Schulze OHG: Termin für Geschäftsessen im „Piccolo Napoli" mit Herrn Zimmer anfragen
2. Tisch im Restaurant „Piccolo Napoli" für Geschäftsessen reservieren
3. Rechnung der BüroPlus GmbH bezahlen: Skontoabzug berücksichtigen
4. Telefonanfrage bei der Unternehmensberatung PLM GmbH in Mannheim: fehlende Anlage „Bericht zur Analyse des Unternehmens"
5. Kurzprotokoll der gestrigen Sitzung vorbereiten
6. Fax-Antwort an Eventus GmbH senden

Begründungen:

Zu 1.	Da das Geschäftsessen noch am selben Tag stattfindet, muss der Termin für das Mittagessen als Erstes abgestimmt werden.
Zu 2.	Die Tischreservierung im „Piccolo Napoli" muss rechtzeitig erfolgen, da zur Essenszeit erfahrungsgemäß viele andere Gäste erscheinen.
Zu 3.	Die Zahlung der Rechnung ist dringend. Der Beleg ist vom 03.11. und hat ein Zahlungsziel von 10 Tagen. Um 3 % Skonto abzuziehen, muss heute am 13.11. noch vormittags bezahlt werden.
Zu 4.	Die Anlage wird am Donnerstag, 19.11.2015 zum Auswertungsgespräch benötigt. Sie ist die Grundlage dieses Gesprächs.
Zu 5.	Das Protokoll wird am Montag benötigt und muss daher noch vor dem Wochenende fertig sein.
Zu 6.	Die Fax-Anmeldung für die Hausmesse in Viernheim ist nicht dringend. Eine Terminerinnerung an Herrn Müller muss in den Kalender eingetragen werden.

1.1.2

Arbeitsschritte des aktuellen Arbeitstages			
Nummer	Schriftstück	Prozessgestaltung	Arbeits-organisationsmittel
1.	Telefonnotiz Catering-Service Schulze	• Anruf bei Catering-Service Schulze: Termin für Geschäftsessen anfragen • Tisch im Restaurant „Piccolo Napoli“ reservieren • Rückmeldung an Chef bzw. Eintrag in seinen Terminkalender • Gesprächsnotiz ist dann erledigt und wird vernichtet	• Telefon • Terminkalender
2.	Analysebericht Unternehmensberatung PLM	• Anruf bei PLM oder eine E-Mail senden • Vermerk anbringen auf dem Anschreiben	• Wiedervorlagemappe • Telefon • E-Mail
3.	Notiz Protokollerstellung	• Ergebnisse der Sitzung zusammenfassen • Protokoll erstellen mittels Dokumentvorlage für Protokoll • Protokoll drucken und zur Unterschrift vorlegen	• Protokollvorlage • Unterschriftsmappe • Computer
4.	Faxantwort zur Anmeldung bei Eventus GmbH	• Fax-Antwort-Formular ausfüllen und an Eventus faxen • Sendebericht kontrollieren • Termin eintragen und in Wiedervorlage aufnehmen	• Faxgerät • Terminkalender • Wiedervorlagemappe
5.	Rechnung der BüroPlus GmbH über Kopierpapier	• Zahlung sofort veranlassen: Skontoabzug beachten • Rechnung archivieren	• Ablagekorb „heute erledigen“ • Ordner „bezahlte Rechnungen“

Prüfungsaufgaben Winter 2016/2017 (Aufgabe 1, teilweise, verändert)

1.1

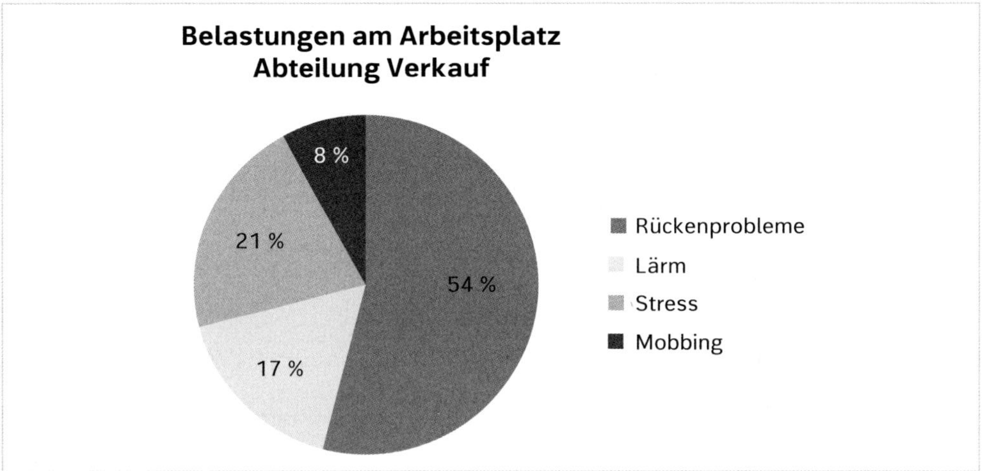

Beschwerden	Maßnahmen
Rückenprobleme	• Anschaffung normgerechter Bürostühle • richtiges Sitzen • dynamisches Sitzen • Ausgleichsübungen • höhenverstellbarer, normgerechter Arbeitstisch
Lärm	• Geräuschpegel von 55 dB nicht überschreiten • laute Gespräche vermeiden • Lautstärke beim Telefonieren drosseln
Stress	• Grenzen erkennen • körperlichen Ausgleich zur Arbeit schaffen • bessere Organisation • gutes Zeitmanagement • ausreichend Schlaf • richtige Ernährung
Mobbing	• Anzeichen von Mobbing ernst nehmen • sofort auf Attacken reagieren • Gespräche unter vier Augen führen • Unterstützung im Kollegenkreis suchen • Vorgesetzte rechtzeitig informieren

1.2

Anforderungen	Erfüllt	Nicht erfüllt	Bemerkung
GS-Zeichen	☐	☐	
Standfestigkeit durch fünf bewegliche Rollen	☐	☐	
Sitzhöhe stufenlos verstellbar	☐	☐	
Rückenlehne stufenlos verstellbar	☐	☐	
Sitzfederung beim Hinsetzen	☐	☐	
atmungsaktiver Sitzbezug	☐	☐	
Lendenwirbelstütze	☐	☐	
Sicherung gegen unbeabsichtigtes Lösen vom Oberteil	☐	☐	
Drehbarkeit des Stuhloberteils	☐	☐	
Bewegungswiderstand der Rückenlehne individuell einstellbar	☐	☐	
verstellbare Armauflagen	☐	☐	
unterstützt dynamisches Sitzen	☐	☐	
Anpassung an die Körperbewegungen	☐	☐	

1.4 Vorschlag – Tagesablauf angepasst an die biologische Leistungskurve

Tischvorlage:

Tageszeit	Tätigkeit	Begründung
08:00 Uhr–09:00 Uhr	• Wiedervorlage des Tages durchsehen • E-Mails bearbeiten	Anlaufphase des Körpers
09:00 Uhr–12:00 Uhr	• Zeitfenster für Abteilungs- und Kundenbesprechungen (ca. 90 Minuten) • Tagespost lesen und sortieren	Hochleistungsphase, Energiehöhepunkt des Körpers, höchste Konzentrationsfähigkeit liegt bei ca. 11:00 Uhr
12:00 Uhr–13:00 Uhr	• Rechnungen und Versandpapiere erstellen • Auftragsbestätigungen schreiben	nachlassende Leistungsfähigkeit und nachlassende Energie
13:00 Uhr–14:00 Uhr	Mittagspause	Tagestief
14:00 Uhr–16:00 Uhr	• Angebote an Neu- und Stammkunden formulieren • E-Mails bearbeiten • Terminplanung am Computer für die Kundenbetreuung und Kundenbesuche	erneuter Energiehöhepunkt, hohe Leistungsbereitschaft und Intensität
16:00 Uhr–18:00 Uhr	Ablage der Kunden- und Auftragsdokumente	sinkende Leistungsintensität

Prüfungsaufgaben Sommer 2017 (Aufgabe 1, teilweise)

1.1.1

Lindner GmbH
Stuttgart
Ihr Büromöbelspezialist

Leitfaden

Die richtige Nutzung einer Wiedervorlage

- In der Wiedervorlage liegen Schriftstücke, die nicht am gleichen Tag bearbeitet werden können.
- Die Wiedervorlage muss diszipliniert vor Tagesbeginn durchgesehen werden.
- Am Monatsletzten muss der Inhalt des folgenden Monatsordners auf die einzelnen Tagesfächer verteilt werden.
- In der Wiedervorlage werden keine Vorgänge abgelegt. Stattdessen liegt ein Bearbeitungszettel in der entsprechenden Tagesmappe, der über den Standort und die Bearbeitung der Unterlagen Auskunft gibt (siehe Vorlage „Bearbeitungsnotiz“).
- Unterlagen, die lediglich an einem bestimmten Termin benötigt werden, liegen am betreffenden Tag in der Wiedervorlage.
- Unterlagen, die vor dem Termin bearbeitet oder gelesen werden müssen, und Unterlagen, die nicht vollständig sind, liegen einen oder mehrere Tage früher in der Wiedervorlage. Dazu wird ein Querverweis im Terminkalender gemacht.

1.1.2

Lindner GmbH
Stuttgart
Ihr Büromöbelspezialist

Bearbeitungsnotiz Wiedervorlage

Vorgang:	
Standort der Unterlagen:	
Aufgabe:	**Termin:**
Notizen:	

Name:	**Abteilung:**	**ausgestellt am:**

1.2.1

Lindner GmbH
Stuttgart
Ihr Büromöbelspezialist

Checkliste Besprechungsvorbereitung

Besprechungsunterlagen	
Tagesordnung erstellen	☐
Besprechungsunterlagen zusammenstellen und mindestens drei Arbeitstage vor der Zusammenkunft in die Wiedervorlage legen	☐
Besprechungsmappe vorbereiten	☐
Protokoll vorbereiten	☐
Besprechungsraum	
Raumbuchung	☐
Raumausstattung (Notebook, Beamer, Overheadprojektor, Flipchart, Moderationskoffer, Pinnwände usw.)	☐
Bewirtung organisieren und vorbereiten	☐
Sitzordnung vorbereiten	☐
Beleuchtung und Verdunkelungsmöglichkeiten überprüfen	☐
Stromanschlüsse testen	☐
usw.	

1.2.2
- Alle Unterlagen werden in der Wiedervorlage im Tagesfach 10 gesammelt.
- sich über nicht bekannte Teilnehmer/-innen informieren
- firmeninterne Vorlage für das Sitzungsprotokoll verwenden
- den Hauptteil des Protokolls nach den Tagesordnungspunkten gliedern
- mit dem Thema der Sitzung vertraut machen
- klären, welche Inhalte für das Protokoll wichtig sind, wie z. B. wichtige Fakten, Vereinbarungen
- Als Protokollant/-in ist mein Platz neben dem Sitzungsvorsitzenden.

Prüfungsaufgaben Winter 2017/2018 (Aufgabe 1, teilweise)

1.1.1 Ablage der Schriftstücke in der Abteilungsregistratur Verkauf:

Beleg-Nr.	Beschreibung
1	Das Angebot hat solange Prüfwert bis ein Auftrag erteilt wurde. Angebote mit Auftragsfolge müssen nach dem HGB sechs Jahre aufbewahrt werden. Angebote ohne Auftragsfolge können nach Prüfung vernichtet werden.
2	Eine Bestellung ist ein Handelsbrief und ist nach HGB sechs Jahre aufzubewahren.
3	Eine Rechnung ist ein Buchungsbeleg und muss nach HGB zehn Jahre aufbewahrt werden.
4	Es handelt sich um eine Notiz, die sich erledigt hat. Sie muss nicht aufbewahrt werden.
5	Die Rechnung ist auf elektronischem Weg übermittelt worden und muss auch elektronisch archiviert werden. Ein Ausdruck der Rechnung genügt nicht.
6	Ein Kaufvertrag (Original) muss sechs Jahre lang aufbewahrt werden.
7	Der Kontoauszug ist ein Buchungsbeleg und unterliegt der gesetzlichen Aufbewahrungsfrist von zehn Jahren.
8	Der Tankbeleg ist ein Buchungsbeleg und muss zehn Jahre lang aufbewahrt werden.

1.1.2 Die Aufbewahrungsfrist beginnt mit dem Schluss des Kalenderjahres, in dem das Schriftstück entstanden ist.

Die Rechnung, die am 21.09.2017 ausgestellt wurde, muss vom 01.01.2018 an zehn Jahre lang aufbewahrt werden. Nach Ablauf der Aufbewahrungsfrist (31.12.2027) kann die Rechnung vernichtet werden.

1.1.3

Leitfaden
Aufbewahrung von Schriftstücken

Wertigkeitsstufen	Erläuterung	Aufbewahrung
Tageswert	Informationen ohne bleibenden Wert (Prospekte, Informationen, unverlangte Angebote)	nach Kenntnisnahme vernichten bzw. löschen
Prüfwert	in Bearbeitung befindliche Vorgänge und Unterlagen mit zeitlich befristetem Wert (z. B. Angebote ohne Auftragsfolge)	Zwischenablage am Arbeitsplatz
Gesetzeswert	Unterlagen mit gesetzlicher Aufbewahrungspflicht (z. B. Handelsbriefe, Rechnungen)	Registraturen 6 Jahre und 10 Jahre
Dauerwert	Unterlagen von langfristiger Bedeutung für das Unternehmen (z. B. Gesellschaftsvertrag)	Archive 10 Jahre und länger

Prüfungsaufgaben Winter 2017/2018 (Aufgabe 2, teilweise)

2.2.1 Arbeitsvorlage – Sitzung der Geschäftsleitung:

		Grünwatt KG
Büroprozess Posteingang Grünwatt KG		
Prozessschritte	**Tätigkeiten**	**Verbesserungen**
Postabholung	das Postfach an der zuständigen Poststelle entleeren und dort bereits auf Irrläufer prüfen	• Die Post liegt zu Arbeitsbeginn vor. • Irrläufer gehen direkt zurück.
Aussortieren	Im ersten Schritt werden Schriftstücke aussortiert, die nicht geöffnet werden dürfen.	Persönlich adressierte Post wird nicht fälschlicherweise geöffnet (Briefgeheimnis).
Öffnen	Die nicht aussortierten Briefe werden geöffnet.	• Sorgsames Öffnen (evtl. maschinell) schützt den Inhalt. • Zeitnahes Öffnen wird gewährleistet.
Entnahme und Kontrolle	Die Schriftstücke werden aus der Briefhülle entnommen und kontrolliert: • Datumskontrolle • Leerkontrolle • Vollständigkeitskontrolle	Eine Leerkontrolle verhindert das Vernichten von wichtigen Dokumenten.
Eingangsstempel	Der Eingangsstempel ist rechts neben der Empfängeranschrift zu platzieren. Bei Schriftstücken, die nicht gestempelt werden dürfen, ist die Briefhülle mit dem Eingangsstempel zu versehen und beizulegen. Auch die Sendungen, die nicht geöffnet werden dürfen, erhalten einen Eingangsstempel auf der Briefhülle.	Das Anbringen des Eingangsstempels erfolgt zeitnah, einheitlich und lückenlos.
Sortieren	Die Schriftstücke werden nach den Abteilungen sortiert.	Reduzierung von Irrläufern
Verteilen	Die Post wird an die entsprechenden Abteilungen verteilt.	• zeitnahe Verfügbarkeit der Post in den Abteilungen • Einhaltung von Fristen

2.2.2

An:	w.gruen@gruenwatt.com
Cc:	
Bcc:	
Betreff:	Argumente und Maßnahmen für eine zentrale Poststelle

Sehr geehrter Herr Grün,

aus dem Abschlussbericht von Herrn Wohlfelder geht eindeutig hervor, dass die Zentralisierung der Postbearbeitung klare Vorteile mit sich bringt. Ich möchte dies an drei Beispielen verdeutlichen:

- Durch die zentrale Bearbeitung der Eingangspost wird Arbeitszeit eingespart, da lange und wiederholte Suchzeiten entfallen und die Abteilungssekretärinnen sich auf ihre eigentliche Arbeit konzentrieren können.
- In einer zentralen Poststelle kann die Postbearbeitung Fachkräften übertragen werden, was zur Reduzierung von zahlreichen Fehlerquellen führt.
- Durch die zentral durchgeführte Frankierung der Ausgangspost werden Überfrankierungen vermieden und somit Kosten eingespart.

Voraussetzung für eine erfolgreiche Zentralisierung sind:

- Einstellung von Fachpersonal
- Schulung des zuständigen Personals
- Erteilung von Postvollmachten
- Bei Postanlieferung: Verhandlung mit der Deutschen Post AG über einen frühen und verlässlichen Zustellzeitpunkt
- Bei Abholung: Einrichtung eines Postfachs

Bitte informieren Sie mich über die weitere Vorgehensweise.

Mit freundlichen Grüßen

Vorname Nachname

4 Angebote erstellen

1. a) Die Anfrage ist keine verbindliche Willenserklärung, der Interessent möchte lediglich den Verkäufer auffordern, ein Angebot abzugeben.
   b) Die Anpreisung ist rechtlich gesehen ebenfalls keine verbindliche Willenserklärung, da bis auf wenige Ausnahmen (Testament) eine WE nicht einseitig sein kann. Die Anpreisung hat aber keinen bestimmten Adressaten, sondern die Allgemeinheit. In der Praxis ist der Verkäufer (Anpreisende) aber verpflichtet, das Angebot in ausreichender Menge vorrätig zu haben, damit er sich nicht dem Vorwurf der „Lockvogelwerbung" stellen muss. Diese Regelungen betreffen nicht mehr das BGB, sondern das Gesetz gegen den unlauteren Wettbewerb (UWG) und das Richterrecht.
   c) Das Angebot ist eine verbindliche WE des Verkäufers. Er ist daran gebunden entsprechend den Regeln der Bindung, z. B. bei einem schriftlichen Angebot ca. eine Woche. Mit Freizeichnungsklauseln kann er die Bindung auf bestimmte Teile des Angebots einschränken, z. B. Menge freibleibend → Preis fest – Menge veränderbar.

2. **Inhalte einer bestimmten Anfrage:**
   - Bitte um Katalog und Lieferprogramm → allgemeine Anfrage
   - Bitte um Preis, Menge und Liefertermin für bestimmte Produkte → bestimmte Anfrage

3. **Allgemeine Anfrage:**

Mouse & Co.

Mouse & Co. • Postfach 25 39 • 30160 Hannover

BüroGroßhandels KG
Bismarckring 311
88400 Biberach

Ihr Zeichen:
Ihre Nachricht vom:
Unser Zeichen:
Unsere Nachricht vom:

Name:	Helmut Maier
Telefon:	0511 2728-90
Fax:	0511 2728-01
E-Mail:	info@mouse.com
Datum:	10.01.20..

Anfrage Liefer- und Produktionsprogramm

Sehr geehrte Damen und Herren,

wir sind als mittelständisches Fachgeschäft für Computer und Bürobedarf immer wieder auf der Suche nach neuen Lieferanten.

Gerne würden wir Sie in unser Angebot aufnehmen. Senden Sie uns bitte Ihr Liefer- und Produktionsprogramm aus dem Bereich Büromaschinen sowie Zahlungs- und Lieferbedingungen.

Mit freundlichen Grüßen

Mouse & Co.

Helmut Maier

Helmut Maier
Geschäftsführer

Geschäftsräume	Sparkasse Hannover	Postbank Hannover	Handelsregister
Am Welfenplatz 52	IBAN: DE24 2505 0180 0008 7639 10	IBAN: DE18 2501 0030 0000 3324 83	Hannover
30161 Hannover	BIC: SPKHDE2HXXX	BIC: PBNKDEFFXXX	HRB 10047689

4. Vergleiche Lösung Aufgabe 1 b) und 1 c).

5. a) solange das Gespräch im Geschäft dauert
   b) bis zum 25.06., wenn es unverändert angenommen wird
   c) ca. 24 Stunden (beachten Sie Wochenende und Feiertage im Geschäftsverkehr)
   d) ca. eine Woche
   e) solange das Telefonat dauert

6. Durch Freizeichnungsklauseln, z. B.:
   - unverbindlich/freibleibend/ohne Obligo
   - Preise freibleibend
   - Menge freibleibend/unverbindlich
   - solange der Vorrat reicht
   - Zwischenverkauf vorbehalten

7. a) Da zum Geschäftspartner bereits ein Kontakt besteht, kommt schon durch „Stillschweigen" ein Kaufvertrag zustande.
   b) Er muss widersprechen und die Ware zurücksenden.
   c) Kennenlernen eines neuen Produktes, Information über Neuheiten

8. **Beispiele, in denen die Bindung an das Angebot erlischt:**
   - Das Angebot wird zu spät angenommen (schriftliches Angebot nach drei Wochen).
   - Die Annahmefrist ist verstrichen, z. B. Angebot gültig bis 26.02., Annahme am 28.02.
   - Das Angebot wird verändert angenommen.

5 Informationen für die Erstellung von Angeboten beschaffen

5.1 Rechenarten

1. **Dreisatz gerades Verhältnis**

   a) **Eierkuchen:**
   Zutaten für:

8 Eierkuchen	20 Eierkuchen
200 g Mehl 180 ml Milch 3 Eier	500 g Mehl 450 ml Milch 7,5 Eier

	A	B	C	D	E
1	Zutaten für	8	Eierkuchen	20	Eierkuchen
2					
3		200	g Mehl	=B3/$B$1*$D$1	g Mehl
4		180	ml Milch	=B4/$B$1*$D$1	ml Milch
5		3	Eier	=B5/$B$1*$D$1	Eier

   b) **Zeitungen:**
   8 h → 275 Haushalte
   13 h → 447 Haushalte

	A	B	C	D
1	8	h	275	Haushalte
2	13	h	=A2*C1/A1	Haushalte

   c) + d) **Äpfel:**
   480 kg Äpfel ≙ 32,50 EUR ≙ 180 Flaschen
   650 kg Äpfel ≙ 44,01 EUR ≙ 243,75 Flaschen

	A	B	C	D	E
1	480	kg Äpfel	32,5	180	Flaschen
2	650	kg Äpfel	=$A$2*C1/$A$1	=$A$2*D1/$A$1	Flaschen

   e) 180 : 12 = 15 und 244 : 12 = $20\frac{1}{3}$

   f) $\frac{280{,}00}{1{,}5} \cdot 14 = 2.613{,}33$ EUR

   g) $\frac{4}{25} \cdot 40 = 6{,}4$ h → 6 h 24 Min.

   h) $\frac{270 \cdot 13}{35} = 100{,}29$ Kundenanfragen → 4:30 h = 270 Minuten

   i) $\frac{65.700{,}00 \text{ EUR} \cdot 19.800}{23.500} = 55.355{,}74$ EUR

   j) $\frac{380 \text{ Ar} \cdot 10}{25} = 152$ Ar

2. **Dreisatz ungerades Verhältnis**

   a) 12 Erntehelfer → 7 h
   18 Erntehelfer → 4,67 h

	A	B	C	D
1	12	Erntehelfer	7	h
2	18	Erntehelfer	=A1*C1/A2	h

   b) $\frac{9 \cdot 2}{3} = 6$ t

c) $\frac{30 \cdot 3}{5} = 18$ Umlenkrollen

d) $\frac{25 \cdot 90}{40} = 56{,}25$ Minuten

In 60 Minuten würde er 90 km fahren, da er aber nur 25 Minuten fährt, entspricht dies einer Fahrtstrecke von 37,5 km $\left(\frac{25 \cdot 90}{40}\right)$.

e) $\frac{18 \cdot 13{,}80 \text{ EUR}}{32} = 7{,}76$ EUR

3. **Prozentrechnung („vom Hundert“)**

a) 1.800,00 EUR · 3 % = 54,00 EUR

b) 180,00 EUR · 15 % = 27,00 EUR

c)

Minuten	30 %
60	18,0
90	27,0
105	31,5

d) 580 · 25 % = 145 Schüler

e)

Geburten	100,00 %	714.966
Jungen	52,80 %	377.502
Mädchen	47,20 %	337.463

f) 252 Arbeitstage · 3,57 % → 9 Tage

4. **Prozentrechnung („in Hundert“ und „auf Hundert“)**

a) $\frac{7.500{,}00 \text{ EUR}}{80} \cdot 100 = 9.375{,}00$ EUR

b) $\frac{0{,}65 \text{ EUR}}{102} \cdot 100 = 0{,}64$ EUR

c) $\frac{260}{92} \cdot 100 = 282{,}61$ Minuten → 4 h 42 Min.

d)

93,50 %	≙	800,00 ml
6,50 %	≙	55,61 ml
100,00 %	≙	**855,61 ml**

	A	B
1	=100-A2	800
2	6,5	=B1/A1*A2
3	=SUMME(A1:A2)	=SUMME(B1:B2)

Der Hersteller muss mindestens 856 ml einfüllen, um garantiert 800 ml Füllmenge zu erhalten.

e) $\frac{590{,}00 \text{ EUR}}{72} \cdot 100 = 819{,}44$ EUR

f) $\frac{9}{130} \cdot 100 = 6{,}9$ → rund 7 Tassen

g) 1.600 m^3 · 12 % = 192 → 1.792 m^3

h) $\frac{161}{125,4} \cdot 100 = 128,39$

i) $\frac{132}{96} \cdot 100 = 137,5 \rightarrow$ 138 Fragen

5. **Prozentsatzberechnung**

a) $\frac{65,00 \text{ EUR}}{599,00 \text{ EUR}} \cdot 100 = 10,85~\%$

b)

Frauen	Männer	Alle
82	134	216
37,96 %	62,04 %	100,00 %

	A	B	C
1	Frauen	Männer	alle
2	82	134	=SUMME(A2:B2)
3	=A2/$C$2	=B2/$C$2	=C2/$C$2

c) $\frac{32}{160} \cdot 100 = 20~\%$

d) $\frac{25}{295} \cdot 100 = 8,47~\%$ (4 h 30 Min. = 270 → + 25 = 295)

e) $\frac{80}{500} \cdot 100 = 16~\%$

f) $\frac{450}{2.800} \cdot 100 = 16,07~\%$ (2.800 – 2.350 = 450)

g) Baden-Württemberg hatte 2024 eine Bevölkerung von 11.230.74 Personen.

> 75 Jahre	1.165.137	10,375 %
> 65 Jahre und ≤ 75 Jahre	2.376.313	21,159 %
≤ 18 Jahre	2.713.322	24,160 %
zwischen 18 und 65 Jahre	4.975.968	44,307 %
Bevölkerung gesamt	11.230.740	100,000 %

	A	B	C
1	> 75 Jahre	1165137	=B1/$B$5
2	> 65 Jahre und ≤ 75 Jahre	2376313	=B2/$B$5
3	≤ 18 Jahre	2713322	=B3/$B$5
4	zwischen 18 und 65 Jahre	=B5-Summe(B1:B3)	=B4/$B$5
5	Bevölkerung gesamt	11230740	=B5/$B$5

h) $\frac{3,7}{5,7} \cdot 100 = 64,91~\%$

6. **Grundwertberechnung**

a) $\frac{450}{45} \cdot 100 = 1.000$ g

b) $\frac{3.800}{23} \cdot 100 = 16.522$ (Vorjahr) → 20.322 Gäste aktuelles Jahr

c) $\frac{42}{76} \cdot 100 =$ ca. 55 Fragen

d) $\frac{350{,}00 \text{ EUR}}{30} \cdot 100 = 1.166{,}66$ EUR

e) $\frac{280}{17} \cdot 100 = 1.647$ Minuten

f) $\frac{125{,}00 \text{ EUR}}{20} \cdot 100 = 625{,}00$ EUR

g) 7,4 · 92 % = 6,8 l

5.2 Preise kalkulieren

1.

		a)		b)		c)		d)
Listeneinkaufspreis		580,00 EUR		100,00 EUR		250,00 EUR		750,00 EUR
./. Liefererrabatt **(v. H.)**	10 %	58,00 EUR	5 %	5,00 EUR	8 %	20,00 EUR	15 %	112,50 EUR
= Zieleinkaufspreis		522,00 EUR		95,00 EUR		230,00 EUR		637,50 EUR
./. Liefererskonto **(v. H.)**	3 %	15,66 EUR	2 %	1,90 EUR	0 %	– EUR	5 %	31,88 EUR
= Bareinkaufspreis		506,34 EUR		93,10 EUR		230,00 EUR		605,62 EUR
+ Bezugskosten		25,00 EUR		10,00 EUR		30,00 EUR		4,99 EUR
= Einstandspreis (Bezugspreis)		531,34 EUR		103,10 EUR		260,00 EUR		610,61 EUR
+ Handlungskostenzuschlag **(v. H.)**	35 %	185,97 EUR	30 %	30,93 EUR	40 %	104,00 EUR	35 %	213,71 EUR
= Selbstkosten		717,31 EUR		134,03 EUR		364,00 EUR		824,32 EUR
+ Gewinnzuschlag **(v. H.)**	25 %	179,33 EUR	20 %	26,81 EUR	50 %	182,00 EUR	40 %	329,73 EUR
= Barverkaufspreis		896,64 EUR		160,84 EUR		546,00 EUR		1.154,05 EUR
+ Kundenskonto **(i. H.)**	3 %	27,73 EUR	3 %	5,03 EUR	2 %	11,14 EUR	3 %	39,79 EUR
+ Vertreterprovision **(i. H.)**	0 %	– EUR	1 %	1,68 EUR	0 %	– EUR	10 %	132,65 EUR
= Zielverkaufspreis		924,37 EUR		167,55 EUR		557,14 EUR		1.326,49 EUR
+ Kundenrabatt **(i. H.)**	10 %	102,71 EUR	5 %	8,82 EUR	10 %	61,90 EUR	15 %	234,09 EUR
= Listenverkaufspreis		1.027,08 EUR		176,37 EUR		619,04 EUR		1.560,58 EUR

2.		a)		b)		c)		d)
Listeneinkaufspreis		544,97 EUR		128,48 EUR		236,57 EUR		1.041,96 EUR
./. Liefererrabatt	5 %	27,25 EUR	3 %	3,21 EUR	5 %	11,83 EUR	10 %	104,20 EUR
= Zieleinkaufspreis		517,72 EUR		125,27 EUR		224,74 EUR		937,76 EUR
./. Liefererskonto	2 %	10,35 EUR	2 %	1,88 EUR	3 %	6,74 EUR	2 %	18,76 EUR
= Bareinkaufspreis		507,37 EUR		123,39 EUR		218,00 EUR		919,00 EUR
+ Bezugskosten		10,00 EUR		2,00 EUR		10,00 EUR		3,99 EUR
= Einstandspreis (Bezugspreis)		517,37 EUR		125,39 EUR		228,00 EUR		922,99 EUR
+ Handlungskosten-zuschlag	30 %	155,21 EUR	35 %	43,88 EUR	35 %	79,80 EUR	35 %	323,05 EUR
= Selbstkosten		672,58 EUR		169,27 EUR		307,80 EUR		1.246,04 EUR
+ Gewinnzuschlag	30 %	201,78 EUR	10 %	16,93 EUR	25 %	76,95 EUR	20 %	249,21 EUR
= Barverkaufspreis		874,36 EUR		186,20 EUR		384,75 EUR		1.495,25 EUR
+ Kundenskonto	2 %	18,22 EUR	2 %	3,80 EUR	3 %	12,15 EUR	2 %	33,98 EUR
+ Vertreterprovision	2 %	18,22 EUR	0 %	– EUR	2 %	8,10 EUR	10 %	169,92 EUR
= Zielverkaufspreis		910,80 EUR		190,00 EUR		405,00 EUR		1.699,15 EUR
+ Kundenrabatt	8 %	79,20 EUR	5 %	10,00 EUR	10 %	45,00 EUR	15 %	299,85 EUR
= Listenverkaufspreis		990,00 EUR		200,00 EUR		450,00 EUR		1.999,00 EUR

3.		a)		b)		c)		d)
Listeneinkaufspreis		250,00 EUR		100,00 EUR		300,00 EUR		750,00 EUR
./. Liefererrabatt	5,00 %	12,50 EUR	5,00 %	5,00 EUR	10,00 %	30,00 EUR	15,00 %	112,50 EUR
= Zieleinkaufspreis		237,50 EUR		95,00 EUR		270,00 EUR		637,50 EUR
./. Liefererskonto	3,00 %	7,13 EUR	2,00 %	1,90 EUR	3,00 %	8,10 EUR	4,00 %	25,50 EUR
= Bareinkaufspreis		230,37 EUR		93,10 EUR		261,90 EUR		612,00 EUR
+ Bezugskosten		5,00 EUR		10,00 EUR		25,00 EUR		20,00 EUR
= Einstandspreis (Bezugspreis)		235,37 EUR		103,10 EUR		286,90 EUR		632,00 EUR
+ Handlungskos-tenzuschlag	35,00 %	82,38 EUR	30,00 %	30,93 EUR	30 %	86,07 EUR	35,00 %	221,20 EUR
= Selbstkosten		317,75 EUR		134,03 EUR		372,97 EUR		853,20 EUR
+ Gewinnzuschlag	**47,99 %**	**152,50 EUR**	**36,09 %**	**48,37 EUR**	**41,89 %**	**156,23 EUR**	**47,26 %**	**403,21 EUR**
= Barverkaufspreis		470,25 EUR		182,40 EUR		529,20 EUR		1.256,41 EUR
+ Kundenskonto	3,00 %	14,85 EUR	3,00 %	5,70 EUR	2,00 %	10,80 EUR	3,00 %	43,32 EUR
+ Vertreterprovision	2,00 %	9,90 EUR	1,00 %	1,90 EUR	0,00 %	– EUR	10,00 %	144,42 EUR
= Zielverkaufspreis		495,00 EUR		190,00 EUR		540,00 EUR		1.444,15 EUR
+ Kundenrabatt	10,00 %	55,00 EUR	5,00 %	10,00 EUR	10,00 %	60,00 EUR	15,00 %	254,85 EUR
= Listenverkaufs-preis		550,00 EUR		200,00 EUR		600,00 EUR		1.699,00 EUR

4. **Vermischte Aufgabe**

a)

Listeneinkaufspreis	100,0%		300,00 EUR	
./. Liefererrabatt **(v. H.)**	8,0%		24,00 EUR	
= Zieleinkaufspreis		100,0%	276,00 EUR	
./. Liefererskonto **(v. H.)**		2,5%	6,90 EUR	
= Bareinkaufspreis			269,10 EUR	
+ Bezugskosten			6,00 EUR	
= Einstandspreis (Bezugspreis)	100,0%		275,10 EUR	
+ Handlungskostenzuschlag **(v. H.)**	35,0%		96,29 EUR	
= Selbstkosten		100,0%	371,39 EUR	← **a)**
+ Gewinnzuschlag **(v. H.)**		25,0%	92,85 EUR	
= Barverkaufspreis	97,0%		464,23 EUR	
+ Kundenskonto **(i. H.)**	3,0%		14,36 EUR	
+ Vertreterprovision **(i. H.)**	0,0%		0,00 EUR	
= Zielverkaufspreis	100,0%	90,0%	478,59 EUR	
+ Kundenrabatt **(i. H.)**		10,0%	53,18 EUR	
= **Listenverkaufspreis**		**100,0%**	**531,77 EUR**	
USt.	**19,0%**		**101,04 EUR**	
Listenverkaufspreis (brutto)			**632,80 EUR**	

Listeneinkaufspreis	100,0 %		300,00 EUR	
./. Liefererrabatt	5,0 %		15,00 EUR	
= Zieleinkaufspreis		100,0 %	285,00 EUR	
./. Liefererskonto		2,5 %	7,13 EUR	
= Bareinkaufspreis			277,88 EUR	
+ Bezugskosten			6,00 EUR	
= Einstandspreis (Bezugspreis)	100,0 %		283,88 EUR	
+ Handlungskostenzuschlag	35,0 %		99,36 EUR	
= Selbstkosten		100,0 %	383,23 EUR	
+ Gewinnzuschlag		**14,67 %**	**56,20 EUR**	← **b)**
= Barverkaufspreis			439,43 EUR	

+ Kundenskonto	3,0 %		13,59 EUR
+ Vertreterprovision	0,0 %		0,00 EUR
= Zielverkaufspreis			453,02 EUR
+ Kundenrabatt		10,0 %	50,34 EUR
= Listenverkaufspreis (netto)			**503,36 EUR**
USt.	**19,0 %**		**95,64 EUR**
Listenverkaufspreis (brutto)			**599,00 EUR**

Lösung zum Gewinn:

Barverkaufspreis – Selbstkosten = Gewinn

439,43 EUR – 383,23 EUR = 56,20 EUR

$$\text{Gewinnzuschlag (\%)} = \frac{\text{Gewinn}}{\text{Selbstkosten}} \cdot 100$$

$$= \frac{56{,}20\ \text{EUR}}{383{,}23\ \text{EUR}} \cdot 100$$

$$= 14{,}666\ \%$$

Listeneinkaufspreis	5,0 %		300,00 EUR	
./. Liefererrabatt			15,00 EUR	
= Zieleinkaufspreis			285,00 EUR	
./. Liefererskonto		2,5 %	7,13 EUR	
= Bareinkaufspreis			277,88 EUR	
+ Bezugskosten			6,00 EUR	
= Einstandspreis (Bezugspreis)			283,88 EUR	
+ Handlungskostenzuschlag	35,0 %		99,36 EUR	
= Selbstkosten			383,23 EUR	
+ Gewinnzuschlag	**d)**	**7,83 %**	**30,00 EUR**	
= Barverkaufspreis			413,23 EUR	
+ Kundenskonto	3,0 %		14,36 EUR	
= Zielverkaufspreis			427,59 EUR	
+ Kundenrabatt		15,05 %	75,77 EUR	← **c)**
= Listenverkaufspreis (netto)			**503,36 EUR**	
USt.	**19,0 %**		**95,64 EUR**	
Listenverkaufspreis (brutto)			**599,00 EUR**	

= Selbstkosten			383,23 EUR	9.)
+ Gewinnzuschlag		7,83 %	30,00 EUR	8.) gegeben
= Barverkaufspreis			413,23 EUR	7.)
+ Kundenskonto	3		14,36 EUR	6.)
= Zielverkaufspreis			427,59 EUR	5.)
+ Kundenrabatt		15,05 %	75,77 EUR	4.) 3. – 5.
= Listenverkaufspreis (netto)			503,36 EUR	3.) 1. – 3.
USt.	19		95,64 EUR	2.) 599 : 119 · 19
Listenverkaufspreis (brutto)	119		599,00 EUR	1.)

$$\text{Kundenrabattsatz} = \frac{\text{Kundenrabatt}}{\text{Listenverkaufspreis}} \cdot 100$$

$$= \frac{75{,}77}{503{,}36} \cdot 100 = 15{,}05\ \%$$

$$\text{Gewinnzuschlag} = \frac{\text{Gewinn}}{\text{Selbstkosten}} \cdot 100 = \frac{30}{383{,}23} \cdot 100 = 7{,}83\ \%$$

5. **Aufgaben mithilfe einer Tabellenkalkulation lösen**

Aufgabe 1

Daten für Zellbezug:

	L	M	N	O	P	Q	R	S	T
18	Listeneinkaufspreis		580		100		250		750
19	Liefererrabatt		0,1		0,05		0,08		0,15
20	Liefererskonto		0,03		0,02		0		0,05
21	Bezugskosten		25		10		30		4,99
22	Handlungskostenzuschlag		0,35		0,3		0,4		0,35
23	Gewinnzuschlag		0,25		0,2		0,5		0,4
24	Kundenskonto		0,03		0,03		0,02		0,03
25	Vertreterprovision		0		0,01		0		0,1
26	Kundenrabatt		0,1		0,05		0,1		0,15

a)

	A	B	C
1			a)
2	Listeneinkaufspreis		=N18
3	./. Liefererrabatt (**v.H**)	=N19	=RUNDEN(C2*B3;2)
4	= Zieleinkaufspreis		=C2-C3
5	./. Liefererskonto (**v.H**)	=N20	=RUNDEN(C4*B5;2)
6	= Bareinkaufspreis		=C4-C5
7	+ Bezugskosten		=N21
8	= Einstandspreis (Bezugspreis)		=C7+C6
9	+ Handlungskostenzuschlag (**v.H.**)	=N22	=RUNDEN(C8*B9;2)
10	= Selbstkosten		=SUMME(C8:C9)
11	+ Gewinnzuschlag (**v.H.**)	=N23	=RUNDEN(C10*B11;2)
12	= Barverkaufspreis		=SUMME(C10:C11)
13	+ Kundenskonto (**i.H.**)	=N24	=RUNDEN(C12/(1-B13-B14)*B13;2)
14	+ Vertreterprovision (**i.H.**)	=N25	=C12/(1-B13-B14)*B14
15	= Zielverkaufspreis		=RUNDEN(C14+C13+C12;2)
16	+ Kundenrabatt (**i.H.**)	=N26	=RUNDEN(C15/(1-B16)*B16;2)
17	= Listenverkaufspreis		=RUNDEN(SUMME(C15:C16);2)

b)

	A	D	E
1			b)
2	Listeneinkaufspreis		=P18
3	./. Liefererrabatt (**v.H**)	=P19	=RUNDEN(E2*D3;2)
4	= Zieleinkaufspreis		=E2-E3
5	./. Liefererskonto (**v.H**)	=P20	=RUNDEN(E4*D5;2)
6	= Bareinkaufspreis		=E4-E5
7	+ Bezugskosten		=P21
8	= Einstandspreis (Bezugspreis)		=E7+E6
9	+ Handlungskostenzuschlag (**v.H.**)	=P22	=RUNDEN(E8*D9;2)
10	= Selbstkosten		=SUMME(E8:E9)
11	+ Gewinnzuschlag (**v.H.**)	=P23	=RUNDEN(E10*D11;2)
12	= Barverkaufspreis		=SUMME(E10:E11)
13	+ Kundenskonto (**i.H.**)	=P24	=RUNDEN(E12/(1-D13-D14)*D13;2)
14	+ Vertreterprovision (**i.H.**)	=P25	=E12/(1-D13-D14)*D14
15	= Zielverkaufspreis		=RUNDEN(E14+E13+E12;2)
16	+ Kundenrabatt (**i.H.**)	=P26	=RUNDEN(E15/(1-D16)*D16;2)
17	= Listenverkaufspreis		=RUNDEN(SUMME(E15:E16);2)

c)

	A	F	G
1			c)
2	Listeneinkaufspreis		=R18
3	./. Liefererrabatt (**v.H**)	=R19	=RUNDEN(G2*F3;2)
4	= Zieleinkaufspreis		=G2-G3
5	./. Liefererskonto (**v.H**)	=R20	=RUNDEN(G4*F5;2)
6	= Bareinkaufspreis		=G4-G5
7	+ Bezugskosten		=R21
8	= Einstandspreis (Bezugspreis)		=G7+G6
9	+ Handlungskostenzuschlag (**v.H.**)	=R22	=RUNDEN(G8*F9;2)
10	= Selbstkosten		=SUMME(G8:G9)
11	+ Gewinnzuschlag (**v.H.**)	=R23	=RUNDEN(G10*F11;2)
12	= Barverkaufspreis		=SUMME(G10:G11)
13	+ Kundenskonto (**i.H.**)	=R24	=RUNDEN(G12/(1-F13-F14)*F13;2)
14	+ Vertreterprovision (**i.H.**)	=R25	=G12/(1-F13-F14)*F14
15	= Zielverkaufspreis		=RUNDEN(G14+G13+G12;2)
16	+ Kundenrabatt (**i.H.**)	=R26	=RUNDEN(G15/(1-F16)*F16;2)
17	= Listenverkaufspreis		=RUNDEN(SUMME(G15:G16);2)

d)

	A	H	I
1			d)
2	Listeneinkaufspreis		=T18
3	./. Liefererrabatt (**v.H**)	=T19	=RUNDEN(I2*H3;2)
4	= Zieleinkaufspreis		=I2-I3
5	./. Liefererskonto (**v.H**)	=T20	=RUNDEN(I4*H5;2)
6	= Bareinkaufspreis		=I4-I5
7	+ Bezugskosten		=T21
8	= Einstandspreis (Bezugspreis)		=I7+I6
9	+ Handlungskostenzuschlag (**v.H.**)	=T22	=RUNDEN(I8*H9;2)
10	= Selbstkosten		=SUMME(I8:I9)
11	+ Gewinnzuschlag (**v.H.**)	=T23	=RUNDEN(I10*H11;2)
12	= Barverkaufspreis		=SUMME(I10:I11)
13	+ Kundenskonto (**i.H.**)	=T24	=RUNDEN(I12/(1-H13-H14)*H13;2)
14	+ Vertreterprovision (**i.H.**)	=T25	=I12/(1-H13-H14)*H14
15	= Zielverkaufspreis		=RUNDEN(I14+I13+I12;2)
16	+ Kundenrabatt (**i.H.**)	=T26	=RUNDEN(I15/(1-H16)*H16;2)
17	= Listenverkaufspreis		=RUNDEN(SUMME(I15:I16);2)

Aufgabe 2

Daten für Zellbezug:

	L	M	N	O	P	Q	R	S	T
18	Liefererrabatt		0,05		0,025		0,05		0,1
19	Liefererskonto		0,02		0,015		0,03		0,02
20	Bezugskosten		10		2		10		3,99
21	Handlungskostenzuschlag		0,3		0,35		0,35		0,35
22	Gewinnzuschlag		0,3		0,1		0,25		0,2
23	Kundenskonto		0,02		0,02		0,03		0,02
24	Vertreterprovision		0,02		0		0,02		0,1
25	Kundenrabatt		0,08		0,05		0,1		0,15
26	Listenverkaufspreis		990		200		450		1999

a)

	A	B	C
1			a)
2	Listeneinkaufspreis		=C4+C3
3	./. Liefererrabatt	=N18	=RUNDEN(C4/(1-B3)*B3;2)
4	= Zieleinkaufspreis		=C6+C5
5	./. Liefererskonto	=N19	=RUNDEN(C6/(1-B5)*B5;2)
6	= Bareinkaufspreis		=C8-C7
7	+ Bezugskosten		=N20
8	= Einstandspreis (Bezugspreis)		=C10-C9
9	+ Handlungskostenzuschlag	=N21	=(C10/(1+B9))*B9
10	= Selbstkosten		=C12-C11
11	+ Gewinnzuschlag	=N22	=RUNDEN(C12/(1+B11)*B11;2)
12	= Barverkaufspreis		=C15-C14-C13
13	+ Kundenskonto	=N23	=RUNDEN(C15*B13;2)
14	+ Vertreterprovision	=N24	=RUNDEN(B14*C15;2)
15	= Zielverkaufspreis		=RUNDEN(C17-C16;2)
16	+ Kundenrabatt	=N25	=C17*B16
17	= Listenverkaufspreis		=N26

b)

	A	D	E
1			b)
2	Listeneinkaufspreis		=E4+E3
3	./. Liefererrabatt	=P18	=RUNDEN(E4/(1-D3)*D3;2)
4	= Zieleinkaufspreis		=E6+E5
5	./. Liefererskonto	=P19	=RUNDEN(E6/(1-D5)*D5;2)
6	= Bareinkaufspreis		=E8-E7
7	+ Bezugskosten		=P20
8	= Einstandspreis (Bezugspreis)		=E10-E9
9	+ Handlungskostenzuschlag	=P21	=(E10/(1+D9))*D9
10	= Selbstkosten		=E12-E11
11	+ Gewinnzuschlag	=P22	=RUNDEN(E12/(1+D11)*D11;2)
12	= Barverkaufspreis		=E15-E14-E13
13	+ Kundenskonto	=P23	=RUNDEN(E15*D13;2)
14	+ Vertreterprovision	=P24	=RUNDEN(D14*E15;2)
15	= Zielverkaufspreis		=RUNDEN(E17-E16;2)
16	+ Kundenrabatt	=P25	=E17*D16
17	= Listenverkaufspreis		=P26

c)

	A	F	G
1			c)
2	Listeneinkaufspreis		=G4+G3
3	./. Liefererrabatt	=R18	=RUNDEN(G4/(1-F3)*F3;2)
4	= Zieleinkaufspreis		=G6+G5
5	./. Liefererskonto	=R19	=RUNDEN(G6/(1-F5)*F5;2)
6	= Bareinkaufspreis		=G8-G7
7	+ Bezugskosten		=R20
8	= Einstandspreis (Bezugspreis)		=G10-G9
9	+ Handlungskostenzuschlag	=R21	=(G10/(1+F9))*F9
10	= Selbstkosten		=G12-G11
11	+ Gewinnzuschlag	=R22	=RUNDEN(G12/(1+F11)*F11;2)
12	= Barverkaufspreis		=G15-G14-G13
13	+ Kundenskonto	=R23	=RUNDEN(G15*F13;2)
14	+ Vertreterprovision	=R24	=RUNDEN(F14*G15;2)
15	= Zielverkaufspreis		=RUNDEN(G17-G16;2)
16	+ Kundenrabatt	=R25	=G17*F16
17	= Listenverkaufspreis		=R26

d)

	A	H	I
1			d)
2	Listeneinkaufspreis		=I4+I3
3	./. Liefererrabatt	=T18	=RUNDEN(I4/(1-H3)*H3;2)
4	= Zieleinkaufspreis		=I6+I5
5	./. Liefererskonto	=T19	=RUNDEN(I6/(1-H5)*H5;2)
6	= Bareinkaufspreis		=I8-I7
7	+ Bezugskosten		=T20
8	= Einstandspreis (Bezugspreis)		=I10-I9
9	+ Handlungskostenzuschlag	=T21	=(I10/(1+H9))*H9
10	= Selbstkosten		=I12-I11
11	+ Gewinnzuschlag	=T22	=RUNDEN(I12/(1+H11)*H11;2)
12	= Barverkaufspreis		=I15-I14-I13
13	+ Kundenskonto	=T23	=RUNDEN(I15*H13;2)
14	+ Vertreterprovision	=T24	=RUNDEN(H14*I15;2)
15	= Zielverkaufspreis		=RUNDEN(I17-I16;2)
16	+ Kundenrabatt	=T25	=I17*H16
17	= Listenverkaufspreis		=T26

Aufgabe 3

Daten für Zellbezug:

	L	M	N	O	P	Q	R	S	T
17			a)		b)		c)		d)
18	Listeneinkaufspreis		250		100		300		750
19	Liefererrabatt		0,05		0,05		0,1		0,15
20	Liefererskonto		0,03		0,02		0,03		0,04
21	Bezugskosten		5		10		25		20
22	Handlungskostenzuschlag		0,35		0,3		0,3		0,35
23	Gewinn		?		?		?		?
24	Kundenskonto		0,03		0,03		0,02		0,03
25	Vertreterprovision		0,02		0,01		0		0,1
26	Kundenrabatt		0,1		0,05		0,1		0,15
27	Listenverkaufspreis		550		200		600		1699

a)

	A	B	C
1			a)
2	Listeneinkaufspreis		=N18
3	./. Liefererrabatt	=N19	=RUNDEN(C2*B3;2)
4	= Zieleinkaufspreis		=C2-C3
5	./. Lieferersskonto	=N20	=RUNDEN(C4*B5;2)
6	= Bareinkaufspreis		=C4-C5
7	+ Bezugskosten		=N21
8	= Einstandspreis (Bezugspreis)		=C7+C6
9	+ Handlungskostenzuschlag	=N22	=RUNDEN(C8*B9;2)
10	= Selbstkosten		=SUMME(C8:C9)
11	+ Gewinnzuschlag	**=C11/C10**	**=C12-C10**
12	= Barverkaufspreis		=C15-C14-C13
13	+ Kundenskonto	=N24	=RUNDEN(C15*B13;2)
14	+ Vertreterprovision	=N25	=RUNDEN(B14*C15;2)
15	= Zielverkaufspreis		=RUNDEN(C17-C16;2)
16	+ Kundenrabatt	=N26	=C17*B16
17	= Listenverkaufspreis		=N27

b)

	A	D	E
1			b)
2	Listeneinkaufspreis		=P18
3	./. Liefererrabatt	=P19	=RUNDEN(E2*D3;2)
4	= Zieleinkaufspreis		=E2-E3
5	./. Lieferersskonto	=P20	=RUNDEN(E4*D5;2)
6	= Bareinkaufspreis		=E4-E5
7	+ Bezugskosten		=P21
8	= Einstandspreis (Bezugspreis)		=E7+E6
9	+ Handlungskostenzuschlag	=P22	=RUNDEN(E8*D9;2)
10	= Selbstkosten		=SUMME(E8:E9)
11	+ Gewinnzuschlag	**=E11/E10**	**=E12-E10**
12	= Barverkaufspreis		=E15-E14-E13
13	+ Kundenskonto	=P24	=RUNDEN(E15*D13;2)
14	+ Vertreterprovision	=P25	=RUNDEN(D14*E15;2)
15	= Zielverkaufspreis		=RUNDEN(E17-E16;2)
16	+ Kundenrabatt	=P26	=E17*D16
17	= Listenverkaufspreis		=P27

c)

	A	F	G
1			c)
2	Listeneinkaufspreis		=R18
3	./. Liefererrabatt	=R19	=RUNDEN(G2*F3;2)
4	= Zieleinkaufspreis		=G2-G3
5	./. Liefererskonto	=R20	=RUNDEN(G4*F5;2)
6	= Bareinkaufspreis		=G4-G5
7	+ Bezugskosten		=R21
8	= Einstandspreis (Bezugspreis)		=G7+G6
9	+ Handlungskostenzuschlag	=R22	=RUNDEN(G8*F9;2)
10	= Selbstkosten		=SUMME(G8:G9)
11	+ Gewinnzuschlag	**=G11/G10**	**=G12-G10**
12	= Barverkaufspreis		=G15-G14-G13
13	+ Kundenskonto	=R24	=RUNDEN(G15*F13;2)
14	+ Vertreterprovision	=R25	=RUNDEN(F14*G15;2)
15	= Zielverkaufspreis		=RUNDEN(G17-G16;2)
16	+ Kundenrabatt	=R26	=G17*F16
17	= Listenverkaufspreis		=R27
18			

d)

	A	H	I
1			d)
2	Listeneinkaufspreis		=T18
3	./. Liefererrabatt	=T19	=RUNDEN(I2*H3;2)
4	= Zieleinkaufspreis		=I2-I3
5	./. Liefererskonto	=T20	=RUNDEN(I4*H5;2)
6	= Bareinkaufspreis		=I4-I5
7	+ Bezugskosten		=T21
8	= Einstandspreis (Bezugspreis)		=I7+I6
9	+ Handlungskostenzuschlag	=T22	=RUNDEN(I8*H9;2)
10	= Selbstkosten		=SUMME(I8:I9)
11	+ Gewinnzuschlag	**=I11/I10**	**=I12-I10**
12	= Barverkaufspreis		=I15-I14-I13
13	+ Kundenskonto	=T24	=RUNDEN(I15*H13;2)
14	+ Vertreterprovision	=T25	=RUNDEN(H14*I15;2)
15	= Zielverkaufspreis		=RUNDEN(I17-I16;2)
16	+ Kundenrabatt	=T26	=I17*H16
17	= Listenverkaufspreis		=T27
18			

6. a) Konditionen lt. Protokoll

Neukundenrabatt	8,00 %		
Skonto	2,00 %		
Gewinn	18,00 %		
		Artikelnummer	
	3932	**4126**	**9920**
= Selbstkosten	7,95 EUR	25,80 EUR	0,90 EUR
+ Gewinnzuschlag	1,43 EUR	4,64 EUR	0,16 EUR
= Barverkaufspreis	9,38 EUR	30,44 EUR	1,06 EUR
+ Kundenskonto	0,19 EUR	0,62 EUR	0,02 EUR
= Zielverkaufspreis	9,57 EUR	31,06 EUR	1,08 EUR
+ Kundenrabatt	0,83 EUR	2,70 EUR	0,09 EUR
= Nettoverkaufspreise	10,40 EUR	33,76 EUR	1,17 EUR

	B	C	D	E
2	Konditionen lt. Protokoll			
3	Neukundenrabatt	0,08		
4	Skonto	0,02		
5	Gewinn	0,18		
6				
7		Artikelnummer		
8		**3932**	**4126**	**9920**
9	**= Selbstkosten**	7,95	25,8	0,9
10	+ Gewinnzuschlag	=RUNDEN(C9*$C$5;2)	=RUNDEN(D9*$C$5;2)	=RUNDEN(D9*$C$5;2)
11	**= Barverkaufspreis**	=C10+C9	=D10+D9	=E10+E9
12	+ Kundenskonto	=RUNDEN(C11/(1-$C $4)*$C$4;2)	=RUNDEN(D11/(1-$C $4)*$C$4;2)	=RUNDEN(E11/(1-$C $4)*$C$4;2)
13	**= Zielverkaufspreis**	=C11+C12	=D11+D12	=E11+E12
14	+ Kundenrabatt	=RUNDEN(C13/(1-$C $3)*$C$3;2)	=RUNDEN(D13/(1-$C $3)*$C$3;2)	=RUNDEN(E13/(1-$C $3)*$C$3;2)
15	**= Nettoverkaufspreise**	=C13+C14	=D13+D14	=E13+E14

Hinweis: Da Excel ohne die Funktion Runden nicht rundet, erscheint das Ergebnis ohne diese Funktion als fehlerhaft. Ohne Runden kommt es zu einem Rundungsfehler von etwa einem Cent.

b)

Paper & Style GmbH
Heidelberg

Paper & Style GmbH, Gewerbepark 5, 69115 Heidelberg
Printmaster KG
Herrn Peter Schmitt
Feldbergstraße 3
68161 Mannheim

Ihr Zeichen:
Ihre Nachricht vom:
Unser Zeichen:
Unsere Nachricht vom:

Name:	Schülername
Telefon:	06221 3482-10
Fax:	06221 3482-11
E-Mail:	info@paperstyle.de
Homepage:	www.paperstyle.de
Datum:	13.01.20..

Angebot Papier und Karton

Sehr geehrter Herr Schmitt,

wir möchten uns für das freundliche und konstruktive Gespräch bedanken. Wie vereinbart senden wir Ihnen unser Angebot. Selbstverständlich haben wir die vereinbarten Bedingungen berücksichtigt. Alle Preise verstehen sich zzgl. 19 % USt. pro Verpackungseinheit.

Art.-Nr. 3932, Hochglanzpapier weiß, A4, 120 g/m^2 3.000 Packungen à 500 Blatt	10,44 EUR
Art.-Nr. 4126, Papier weiß, A1, 100g/m^2 700 Packungen à 100 Bogen	33,77 EUR
Art.-Nr. 9920, Karten hellblau, A6, 160 g/m^2 einfach gefalzt mit Umschlag, 2.000 Stück	1,17 EUR

Für Neukunden gewähren wir einen Rabatt von 8 %.

Zahlbar innerhalb von 14 Tagen nach Lieferung mit 2 % Skonto, 30 Tage netto.
Lieferung frei Haus.

Wir freuen uns auf Ihre Bestellung und die künftige Zusammenarbeit.

Mit freundlichen Grüßen

Paper & Style GmbH

Schülername

Paper & Style GmbH Gesellschaft mit beschränkter Haftung Gewerbepark 5 69115 Heidelberg	Heidelberger Bank IBAN: DE89 3804 0454 0532 0120 00 BIC: ENDOSES2HEI	Geschäftsführer: Wolfgang Berger Gerichtsstand: Heidelberg HRB 3490 Steuer-Nr.: DE194214210

7. Aufgabe Vionic GmbH

	A	B	C	D	E	F
1	Kalkulation für Systemhaus Vionic GmbH	Konditionen	Komponenten			
2			Buffett pro Person	Geschirr pro Person	Deko	Einladung pro Person
3	Menge		60 Personen	60 Personen	5	60 Personen
4	Selbstkosten je ME		18,95 €	4,25 €	300,00 €	2,69 €
5	Selbstkosten je Position		1.137,00 €	255,00 €	1.500,00 €	161,40 €
6	+ Gewinn	25%	284,25 €	63,75 €	375,00 €	40,35 €
7	= Barverkaufspreis		1.421,25 €	318,75 €	1.875,00 €	201,75 €
8	+ Skonto	3%	43,96 €	9,86 €	57,99 €	6,24 €
9	= Zielverkaufspreis		1.465,21 €	328,61 €	1.932,99 €	207,99 €
10	+ Rabatt	0%	- €	- €	- €	- €
11	= Nettoverkaufspreis		1.465,21 €	328,61 €	1.932,99 €	207,99 €

	A	B	C	D	E	F
1	Kalkulation für Systemhaus Vionic GmbH	Konditionen	Komponenten			
2			Buffett pro Person	Geschirr pro Person	Deko	Einladung pro Person
3	Menge		60	60	5	60
4	Selbstkosten je ME		18,95	4,25	300	2,69
5	Selbstkosten je Position		=C4*C3	=D4*D3	=E4*E3	=F4*F3
6	+ Gewinn	0,25	=C5*$B$6	=D5*$B$6	=E5*$B$6	=F5*$B$6
7	= Barverkaufspreis		=C6+C5	=D6+D5	=E6+E5	=F6+F5
8	+ Skonto	0,03	=C7*$B$8/(1-$B$8)	=D7*$B$8/(1-$B$8)	=E7*$B$8/(1-$B$8)	=F7*$B$8/(1-$B$8)
9	= Zielverkaufspreis		=C8+C7	=D8+D7	=E8+E7	=F8+F7
10	+ Rabatt	0	=C9*(1-$B$10)*$B$10	=D9*(1-$B$10)*$B$10	=E9*(1-$B$10)*$B$10	=F9*(1-$B$10)*$B$10
11	= Nettoverkaufspreis		=C10+C9	=D10+D9	=E10+E9	=F10+F9
12						

6 Auftragsabwicklung

1. **Hauptpflichten:**
   Der Verkäufer muss dem Käufer das Eigentum verschaffen und die Sache frei von Rechts- und Sachmängeln übergeben.

   Der Käufer muss die Sache zahlen.

2. a) KV kommt zustande. → Bestellung = Antrag und Lieferung = Annahme
   b) KV kommt nicht zustande. → verspätete Annahme → neuer Antrag
   c) KV kommt nicht zustande. → veränderte Annahme des Angebots → neuer Antrag
   d) KV kommt zustande. → veränderte Annahme des Angebotes → neuer Antrag → sofortige Lieferung = Annahme

3. - Die Ware wird sofort geliefert.
   - Platzkauf → Kunde und Verkäufer sind am gleichen Ort, z. B. Fachgeschäft.
   - Der Kunde bestellt wiederholt bei uns dieselben Waren.

4. - Der Kunde ändert das Angebot und wir nehmen es an.
   - Zwischen Bestellung und Lieferung liegt einige Zeit.
   - Der Kunde hat eine sehr umfangreiche Bestellung und man möchte, dass er seine Bestellung noch einmal kontrolliert.

5. Der Lieferschein ist ein Warenbegleitpapier, er beinhaltet die Bezeichnung der bestellten Ware. Besteht die Sendung aus mehreren Packstücken, werden Anzahl und Gewicht der Packstücke vermerkt, um eine Kontrolle der Vollständigkeit zu ermöglichen.

8 Normgerechter Schriftverkehr

1. **Corporate Design:**
   - Logo
   - Farben
   - Bilder und Grafiken
   - Formate
   - Schrift
   - Papier
   - Piktogramme

2. Die Schreib- und Gestaltungsregeln für die Textverarbeitung sind in der DIN 5008 festgelegt.

3. **Pflichtangaben im Geschäftsbrief lt. Gesetz:**
   - vollständiger Firmenname wie im Handelsregister eingetragen
   - Rechtsform der Gesellschaft
   - Sitz des Unternehmens
   - Handelsregisternummer und Registergericht
   - bei einer GmbH: Geschäftsführer und Vorsitzender des Aufsichtsrats
   - bei einer AG: Aufsichtsratsvorsitzender, Vorstandsvorsitzender und Vorstandsmitglieder

4. **Gestaltungsgrundsätze für Formulare:**
   - dem Formular einen Titel geben
   - den Aufbau entsprechend dem Arbeitsablauf beachten
   - berücksichtigen, ob hand- oder maschinenschriftlich ausgefüllt werden soll
   - Leittexte klar und verständlich formulieren
   - Leitwörter nach dem OLE-Prinzip platzieren
   - Größe der Datenfelder nach der längsten Eintragung bestimmen
   - geringer Wechsel in der Schriftart und Schriftgröße
   - möglichst einheitliche Schreibfluchtlinien einhalten
   - Kontrollkästchen besser vor der Auswahlantwort platzieren
   - evtl. Falt- und Lochmarken anbringen

5. OLE ist die Abkürzung für **o**bere **l**inke **E**cke und bedeutet, dass die Leitwörter in den Formularfeldern verkleinert in der oberen linken Ecke platziert werden sollten.

6. **Aufbau einer E-Mail:**

Kopfzeilen oder Header	Informationsteil	Abschluss
• Name des Empfänger • @-Zeichen • Provider (Anbieter) • Länderkennzeichen • alles kleingeschrieben	• geltende DIN-Regeln 5008 • gleichgestellt wie klassischer Geschäftsbrief • Betreff, Anrede, Text, Gruß, Signatur	• gesetzliche Vorgaben • Firmenname mit Rechtsform • Firmensitz • Registergericht • Handelsregisternummer

9 Schriftstücke vervielfältigen

1. **Kriterien zur Anschaffung eines Kopiergerätes:**
   - Was muss der Kopierer können?
     z. B. vergrößern und verkleinern, mehrseitige Vorlagen kopieren, verschiedene Formate vereinheitlichen, sortieren, heften
   - Welchen Komfort soll der Kopierer bieten?
     z. B. kurze Aufwärmzeit, hohe Kopiergeschwindigkeit, einfache Bedienerführung
   - Was kostet eine Kopie?
     → abhängig von den Kosten für Toner und Wartung
   - Wie wird die Anschaffung finanziert?
   - Wer bietet den besten Service?
   - Welcher Kopierer ermöglicht die beste Umweltverträglichkeit?
     → schadstoffarm, geringe Geräuschentwicklung

2. **Kriterien zur Standortwahl eines Kopiergerätes:**
   - Art und Größe des Betriebes
   - räumliche Aufteilung
   - Kopiervolumen der einzelnen Abteilungen
   - Dringlichkeit der Kopien
   - Art und Größe der Vorlagen und der zu erstellenden Kopien

3. **Überlegungen bei der Auswahl von Druckern:**
   - Wie gut ist die Druckqualität?
   - Wie viel wird täglich gedruckt?
   - Wie schnell muss gedruckt werden?
   - Was kostet der Drucker?
   - Wie hoch sind die Folgekosten?
   - Müssen auch Farbdrucke erstellt werden?

10 Kommunikationssysteme

1. **Leistungsmerkmale moderner Telefonanlagen:**

Anrufumleitung/ Anrufweiterschaltung	Die Anrufweiterschaltung leitet Anrufe an jeden beliebigen Telefonanschluss weiter. Es gibt vier Arten: • direkte Anrufumleitung • Anrufumleitung, wenn besetzt • verzögerte Anrufumleitung • selektive Anrufumleitung
Anklopfen	Während einer bestehenden Verbindung wird ein weiterer Anruf signalisiert. Der Anrufer hört das Freizeichen. Der Angerufene kann den Anrufer annehmen, ablehnen oder ignorieren.
Makeln	Während einer bestehenden Verbindung kann durch Rückfrage eine zweite Verbindung aufgebaut werden. Zwischen den beiden Verbindungen kann hin- und hergeschaltet werden. Der Wartende kann das aktive Gespräch nicht mithören.
Dreierkonferenz	Zwei bestehende Verbindungen können zusammengeschaltet werden. Dadurch ist eine Telefonkonferenz mit drei Teilnehmenden möglich. Alle Teilnehmer/-innen können die anderen hören.
Automatischer Rückruf	Ist ein angerufener Anschluss besetzt, erhält man ein Anrufsignal, sobald dieser Anschluss wieder frei ist. Der Anruf wird automatisch wiederholt.
Mehrfachrufnummern	Einem ISDN-Mehrwertgeräteanschluss können vom Netzbetreiber mehrere Rufnummern zugeordnet werden bzw. mehrere Endgeräte können die gleiche Nummer haben.

2. **Telefonkonferenz:**
Für eine Telefonkonferenz mit mehr als drei Teilnehmerinnen und Teilnehmern benötigt man einen Telefonkonferenz-Anbieter. Dieser richtet einen sog. Telefonkonferenz-Raum ein, der rund um die Uhr genutzt werden kann. Jeder Telefonkonferenz-Raum hat einen eigenen Konferenz-PIN-Code, eine Art Sicherheits-Code, damit sich nur befugte Personen in die Telefonkonferenz einwählen können.

Durchführung:
- Einwahlnummer des Telefonkonferenz-Anbieters wählen
- nach Aufforderung den Konferenz-PIN-Code eingeben
- Die Telefonkonferenz startet, sobald sich mindestens zwei Teilnehmer/-innen eingewählt haben.

3. **Dial-in-Konferenzsystem:** Alle Teilnehmer/-innen wählen sich selbst zum vereinbarten Termin in das System ein. Dazu erhalten sie eine Einwahlnummer und einen PIN-Code.

Dial-out-Konferenzsystem: Die Telefonnummern der Teilnehmer/-innen werden vom Telefonkonferenz-Anbieter angerufen und zu einer Telefonkonferenz zusammengeschaltet.

Voice-over-IP: Darunter versteht man das Telefonieren über ein Computernetzwerk nach Internetstandards. Gespräche bzw. Telefonkonferenzen werden weltweit über das Internet geführt. Durch die Nutzung der Bildschirme können Bildmaterial und Präsentationen gezeigt werden.

4. **Intranet:** Das Intranet ist ein firmeninternes geschlossenes Netzwerk und dient der unternehmensinternen Kommunikation. Im Gegensatz zum Internet kann nur eine bestimmte Gruppe von Nutzern auf das Netzwerk zugreifen. Spezielle Zugangskontrollsysteme gewähren nur berechtigten Personen Zugriff auf das Firmennetz. Das Intranet funktioniert nach dem gleichen Prinzip wie das Internet und basiert auf denselben Techniken.

   Extranet: Das Extranet ist eine erweiterte Form des Intranets und basiert ebenfalls auf der Technik des Internets. Der Unterschied besteht darin, dass das Extranet innerhalb eines Unternehmensnetzwerkes den Nutzern zur Verfügung steht. Zugangsberechtigt sind nur Mitgliedsbetriebe mit persönlichem Log-in. Das Extranet eignet sich für Unternehmen, die ihren Mitarbeitern, Mitgliedern, Kunden, Lieferanten und Partnern bestimmte Informationen in einem geschützten Bereich zur Verfügung stellen möchten.

1 Beschaffungs- und Lagerhaltungsprozess im Unternehmen

1.3 ABC-Analyse

1. Um bei einer großen Anzahl von Beschaffungsgütern nur bei den wichtigen Gütern einen hohen Beschaffungsaufwand zu haben, teilt man die Güter in A-, B- und C-Güter ein. Die Beschaffung steht im Spannungsfeld von hohem Beschaffungsaufwand (Kosten für Angebotseinholung und Angebotsvergleich) und Einkaufskosten je Stück. Mit einem hohen Aufwand für die optimale Beschaffung kann man die Kosten je Stück minimieren. Es ist jedoch nicht immer sinnvoll, für jede „unbedeutende" Schraube einen hohen Aufwand zu betreiben. Die ABC-Analyse gewichtet die Güter anhand ihres Beschaffungswertes. Güter mit einem hohen Gesamtbeschaffungswert benötigen besondere Aufmerksamkeit bei der Beschaffung (mehrere Angebote, Vergleich, Ermittlung der optimalen Bestellmenge), diese sind die A-Güter. Bei den Gütern mit geringerem Beschaffungswert reicht es unter Umständen aus, nur einmal pro Jahr einen Angebotsvergleich durchzuführen und dann immer beim Stammlieferanten zu bestellen.

2. **A-Güter** haben den höchsten Beschaffungswert. Kumuliert man die Beschaffungswerte vom größten zum kleinsten anteiligen Beschaffungswert auf, so weisen A-Güter i. d. R. einen gesamten kumulierten Beschaffungswert von ca. 75 % aller Güter auf.

   C-Güter haben den niedrigsten Beschaffungswert, ca. 5 % des Gesamtbeschaffungswertes.

3. Die Beschaffung kann sich nach der Unterteilung der Güter auf die Güter mit dem höchsten Beschaffungswert konzentrieren.

4. **ABC-Analyse:**

Artikel	Verbrauch	Einstandspreis	Beschaffungswert	% des Wertes	Rang
HW 001	1.500 Stück	30,00 €	45.000,00 €	5,03%	**9**
HW 002	1.731 Stück	85,00 €	147.135,00 €	16,45%	**1**
HW 003	1.888 Stück	7,00 €	13.216,00 €	1,48%	**12**
HW 004	800 Stück	83,00 €	66.400,00 €	7,43%	**7**
HW 005	1.543 Stück	22,00 €	33.946,00 €	3,80%	**11**
HW 006	1.503 Stück	70,00 €	105.210,00 €	11,77%	**3**
HW 007	1.863 Stück	62,00 €	115.506,00 €	12,92%	**2**
HW 008	1.413 Stück	31,00 €	43.803,00 €	4,90%	**10**
HW 009	951 Stück	58,00 €	55.158,00 €	6,17%	**8**
HW 010	1.569 Stück	58,00 €	91.002,00 €	10,18%	**5**
HW 011	1.171 Stück	78,00 €	91.338,00 €	10,21%	**4**
HW 012	972 Stück	89,00 €	86.508,00 €	9,67%	**6**
			894.222,00 €		

	B	C	D	E	F	G
18	Artikel	Verbrauch	Einstandspreis	Beschaffungswert	% des Wertes	Rang
19	HW 001	1500	30	=C19*D19	=E19/$E$31	**=RANG(E19;$E$19:$E$30)**
20	HW 002	1731	85	=C20*D20	=E20/$E$31	**=RANG(E20;$E$19:$E$30)**
21	HW 003	1888	7	=C21*D21	=E21/$E$31	**=RANG(E21;$E$19:$E$30)**
22	HW 004	800	83	=C22*D22	=E22/$E$31	**=RANG(E22;$E$19:$E$30)**
23	HW 005	1543	22	=C23*D23	=E23/$E$31	**=RANG(E23;$E$19:$E$30)**
24	HW 006	1503	70	=C24*D24	=E24/$E$31	**=RANG(E24;$E$19:$E$30)**
25	HW 007	1863	62	=C25*D25	=E25/$E$31	**=RANG(E25;$E$19:$E$30)**
26	HW 008	1413	31	=C26*D26	=E26/$E$31	**=RANG(E26;$E$19:$E$30)**
27	HW 009	951	58	=C27*D27	=E27/$E$31	**=RANG(E27;$E$19:$E$30)**
28	HW 010	1569	58	=C28*D28	=E28/$E$31	**=RANG(E28;$E$19:$E$30)**
29	HW 011	1171	78	=C29*D29	=E29/$E$31	**=RANG(E29;$E$19:$E$30)**
30	HW 012	972	89	=C30*D30	=E30/$E$31	**=RANG(E30;$E$19:$E$30)**
31				=SUMME(E19:		

5. **Lösung der Aufgabe 4 mit einer Tabellenkalkulation:**

Rang	Artikel	Verbrauch	Einstandspreis	Beschaffungswert	% des Wertes	kumulierter Wert	
1	HW 002	1.731 Stück	85,00 €	147.135,00 €	16,45%	16,45%	
2	HW 007	1.863 Stück	62,00 €	115.506,00 €	12,92%	29,37%	
3	HW 006	1.503 Stück	70,00 €	105.210,00 €	11,77%	41,14%	
4	HW 011	1.171 Stück	78,00 €	91.338,00 €	10,21%	51,35%	A
5	HW 010	1.569 Stück	58,00 €	91.002,00 €	10,18%	61,53%	
6	HW 012	972 Stück	89,00 €	86.508,00 €	9,67%	71,20%	
7	HW 004	800 Stück	83,00 €	66.400,00 €	7,43%	78,63%	
8	HW 009	951 Stück	58,00 €	55.158,00 €	6,17%	84,80%	
9	HW 001	1.500 Stück	30,00 €	45.000,00 €	5,03%	89,83%	B
10	HW 008	1.413 Stück	31,00 €	43.803,00 €	4,90%	94,73%	
11	HW 005	1.543 Stück	22,00 €	33.946,00 €	3,80%	98,52%	C
12	HW 003	1.888 Stück	7,00 €	13.216,00 €	1,48%	100,00%	
				894.222,00 €			

	I	J	K	L	M	N	O
18	Rang	Artikel	Verbrauch	Einstandspreis	Beschaffungswert	% des Wertes	
19	**=RANG(M19;$M$19:$M$30)**	HW 002	1731	85	=K19*L19	=M19/$M$31	=N19+O18
20	**=RANG(M20;$M$19:$M$30)**	HW 007	1863	62	=K20*L20	=M20/$M$31	=N20+O19
21	**=RANG(M21;$M$19:$M$30)**	HW 006	1503	70	=K21*L21	=M21/$M$31	=N21+O20
22	**=RANG(M22;$M$19:$M$30)**	HW 011	1171	78	=K22*L22	=M22/$M$31	=N22+O21
23	**=RANG(M23;$M$19:$M$30)**	HW 010	1569	58	=K23*L23	=M23/$M$31	=N23+O22
24	**=RANG(M24;$M$19:$M$30)**	HW 012	972	89	=K24*L24	=M24/$M$31	=N24+O23
25	**=RANG(M25;$M$19:$M$30)**	HW 004	800	83	=K25*L25	=M25/$M$31	=N25+O24
26	**=RANG(M26;$M$19:$M$30)**	HW 009	951	58	=K26*L26	=M26/$M$31	=N26+O25
27	**=RANG(M27;$M$19:$M$30)**	HW 001	1500	30	=K27*L27	=M27/$M$31	=N27+O26
28	**=RANG(M28;$M$19:$M$30)**	HW 008	1413	31	=K28*L28	=M28/$M$31	=N28+O27
29	**=RANG(M29;$M$19:$M$30)**	HW 005	1543	22	=K29*L29	=M29/$M$31	=N29+O28
30	**=RANG(M30;$M$19:$M$30)**	HW 003	1888	7	=K30*L30	=M30/$M$31	=N30+O29
31					=SUMME(M19:M30)		

6. Lösung mithilfe von Excel.

1.5 Bestellzeitpunkt

Prüfungsaufgaben Sommer 2015

Aufgabe 1

1.1 **Bestellpunktverfahren:**
Für die automatische Auslösung der Bestellung wird der Meldebestand ermittelt. Beim Erreichen des Meldebestandes wird die Bestellung ausgelöst, im Idealfall trifft die Bestellung beim Erreichen des Sicherheitsbestandes ein. Der Meldebestand wird also so gewählt, dass der durchschnittliche Verbrauch während der Wiederbeschaffung zuzüglich eines Sicherheitsbestandes gedeckt ist.

1.2 **Meldebestand** = (Wiederbeschaffungszeit · Tagesverbrauch) + Sicherheitsbestand
$400 = (7 \cdot 40) + 120$

1.3 **Bestelltermine:**

	A	B	C	D	E
1		Bestand	Meldebestand	Tage bis erreichen des MB	1. Bestelltermin
2	01. Okt	640 Stück	400 Stück	6	07. Okt
3				=(B2-C2)/40	
4					
5	Wiederbeschaffung 7 Tage			Verbrauch in dieser Zeit	
6				240 Stück	
7		(1.10+6 Tage bis MB+7 Tage bis Eintreffen der Lieferung)			
8	Bestand am:				
9	14. Okt	640-(13*40)	Lieferung am 14.10	Gesamt	
10		120 Stück	600 Stück	720 Stück	
11					
12			Tage bis erreichen des MB		2. Bestelltermin
13				8	22. Okt
14					

1.4

Große Bestellmenge	Kleine Bestellmenge
• Wahrnehmung von Mengenrabatten • geringere Bestellkosten (weniger Bearbeitungskosten der Bestellungen, Lieferkostenoptimierung) • geringere Fehlmengenkosten • hohe Lagerkosten	• geringe Lagerkosten, da je Bestellung nur wenig eingelagert wird • hohe Beschaffungskosten und Fehlmengenkosten • geringere Kapitalbindung

1.5 Die optimale Bestellmenge ist die Menge, bei der die Summe aus Bestellkosten und Lagerkosten (Gesamtkosten) am niedrigsten ist.

1.6

Bestellmenge in Stück	Anzahl Bestellungen	Bestellkosten in EUR	durchschnittlicher Lagerbestand in Stück	durchschnittlicher Lagerbestand in EUR	Lagerkosten in EUR	Gesamtkosten in EUR
4.200	10	1.050,00 €	2.100	2.730,00 €	546,00 €	1.596,00 €
5.250	8	840,00 €	2.625	3.412,50 €	682,50 €	1.522,50 €
6.000	7	735,00 €	3.000	3.900,00 €	780,00 €	1.515,00 €
7.000	6	630,00 €	3.500	4.550,00 €	910,00 €	1.540,00 €
8.400	5	525,00 €	4.200	5.460,00 €	1.092,00 €	1.617,00 €

Einstandspreis	1,30 €
Bestellkosten	105,00 €
Lagerhaltungskosten	20%
Jahresbedarf	42000

1.7

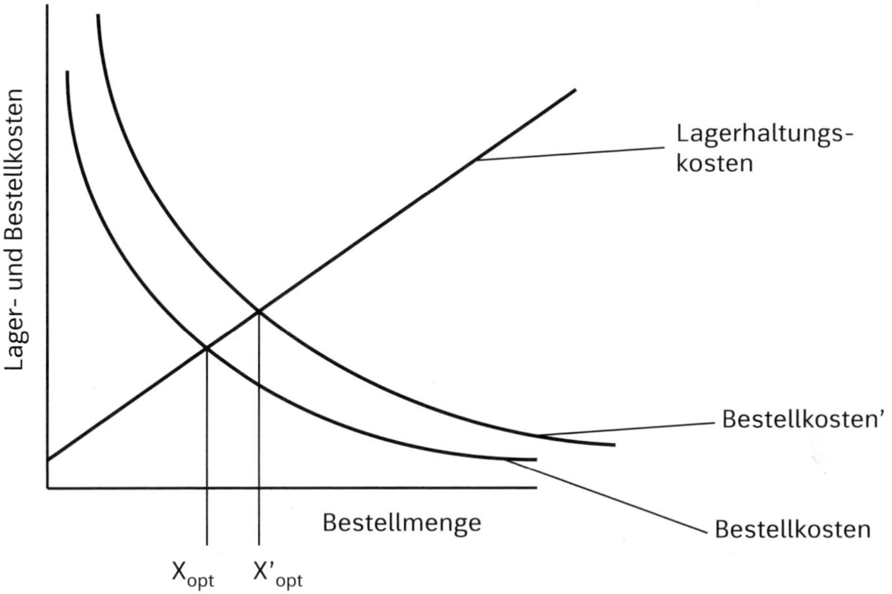

Die Bestellkosten steigen, dadurch steigt auch die optimale Bestellmenge (X_{opt} → X'_{opt}).

1.8 Angebot und Angebotsvergleich

1.8.4 Eigentumsvorbehalt

1.
- Lieferantendatei
- Gelbe Seiten
- Herstellerkataloge
- Lieferantensuchmaschine
- Handlungsreisende
- Makler und Vertreter

2. a) Lieferant
   b) Käufer
   c) Käufer
   d) Lieferant
   e) Lieferant
   f) Käufer und bis zum Verladebahnhof der Verkäufer

3. a) „frei Haus" → DAP
   b) „ab Werk" → EXW
   c) „unfrei" → EXW
   d) „frei Bordsteinkante" → DAP
   e) „Fracht frei" → CPT
   f) „ab hier" → FCA

4. **Gesetzliche Regelungen:**
   a) Der Käufer zahlt die Kosten für den gesamten Transportweg.
   b) Der Verkäufer zahlt das Rollgeld bis zum Frachtführer und der Käufer den Rest bis zum Lieferort.

5. Der Verkäufer trägt nur das Risiko sowie die Versicherungskosten bis zum Verladen auf das Schiff. Sobald das Schiff unterwegs ist, trägt der Käufer das Risiko und muss im Falle eines Verlustes seine Frachtversicherung bemühen bzw. den Frachtführer haftbar machen.

6. FAS → Kosten, Versicherung und Risiko bis zum Verladeterminal im Hafen (noch nicht auf dem Schiff) trägt der Verkäufer.

   FOB → wie FAS, nur dass die Kosten, die Versicherung und das Risiko vom Verkäufer bis auf das Schiff gezahlt werden (Verladung).

7. ab Werk

8. Bei Vorkasse oder Nachnahme erfolgt Ware gegen Geld. Der Verkäufer kann sich sicher sein, dass er sein Geld bekommt. Kein Risiko wie bei Zahlung auf Rechnung.

9. Der Kunde bekommt sicher die Ware, bei Vorkasse müsste er erst leisten und dann kommt die Ware.

10. Bei Zahlung auf Rechnung oder Teilzahlung hat er immer das Risiko, dass der Kunde nicht zahlt (Forderungsausfall).

11. Durch die Gewährung von Skonto wird es dem Kunden „schmackhaft“ gemacht, eher zu zahlen. Dadurch erhöht sich die Liquidität des Verkäufers. Auch das Risiko des Forderungsausfalls sinkt insgesamt.

12. **Eigentumsvorbehalt:**
    a) einfacher EVB → Die Ware wird i. d. R. nicht weiterverkauft, verbraucht oder eingebaut.
    b) erweiterter EVB → In der Regel dürfte die Ware, welche unter EVB geliefert wurde, verbraucht sein. Wenn der Lieferant allerdings öfters liefert, kann er sich seine eigene Ware wiederholen (egal aus welcher Lieferung).
    c) verlängerter EVB mit Verarbeitungsklausel → Da er automatisch sein Eigentum an der Ware verliert, wenn diese mit dem Grundstück des Eigentümers (Kunden) verbunden wird, machen alle anderen Arten des EVB keinen Sinn. Es ist auch zweifelhaft, ob er Miteigentümer am Grundstück wird, wenn der Kunde nicht zahlt. Voraussetzung ist, dass sein Eigentumsanspruch nicht unwesentlich ist. Bei normalen Pflanzen dürfte der Wert deutlich unter dem des Grundstückes liegen. Unabhängig von der Eigentumssicherung steht ihm immer sein Geld aus dem Kaufvertrag (Recht auf Zahlung) zu. Dieses Recht ist einklagbar.
    Es wäre ihm zu empfehlen, nur gegen Vorkasse oder Barzahlung tätig zu werden.
    d) einfacher EVB
    e) verlängerter EVB mit Verarbeitungsklausel → Da der Kunde des Automobilzulieferers mobile Waren (Autos) herstellt, lohnt es sich auch, Miteigentümer an einem oder mehreren Pkw zu werden.

1.9 Bestellung

Übung 1

1.1 Z. B. Suche in der Lieferantendatei, in den Gelben Seiten, den Herstellerkatalogen, den Lieferantensuchmaschinen im Internet, Informationen von Handlungsreisenden oder Vertretern, Beauftragung eines Maklers

1.2 **Bestandteile des Angebots:**
- Eigenschaften der Ware (Art und Güte)
- Menge der Ware
- Preise und evtl. Nachlässe
- Liefer- und Zahlungsbedingungen
- evtl. Freizeichnungsklauseln
- Gültigkeit des Angebots

1.3 **Einstandspreis:**

	Angebot 1 Dantes GmbH	Angebot 2 Samsam
Listenpreis	650,00 EUR	600,00 EUR
Rabatt	10 %	keinen
Skonto	2 %	3 %
Lieferung	(20 · 5,00 EUR) 100,00 EUR	150,00 EUR

			Dantes		Samsam
	Listeneinkaufspreis		13.000,00 EUR		12.000,00 EUR
–	Rabatt	10 %	1.300,00 EUR		0,00 EUR
=	Zieleinkaufspreis		11.700,00 EUR		12.000,00 EUR
–	Skonto	2 %	234,00 EUR	3 %	360,00 EUR
=	Bareinkaufspreis		11.466,00 EUR		11.640,00 EUR
+	Bezugskosten		100,00 EUR		150,00 EUR
=	Einstandspreis		11.566,00 EUR		11.790,00 EUR
	Einstandspreis je Stück		**578,30 EUR**		**589,50 EUR**

Alternative Berechnung auf Stückbasis:

			Angebot 1		Angebot 2
	Listeneinkaufspreis		650,00 EUR		600,00 EUR
–	Rabatt	10 %	65,00 EUR		0,00 EUR
=	Zieleinkaufspreis		585,00 EUR		600,00 EUR
–	Skonto	2 %	11,70 EUR	3 %	18,00 EUR
=	Bareinkaufspreis		573,30 EUR		582,00 EUR
+	Bezugskosten		5,00 EUR		(150 : 20) 7,50 EUR
=	Einstandspreis je Stück		**578,30 EUR**		**589,50 EUR**

1.4 **Qualitative Kriterien:**

- Qualität
- Liefertreue
- Kundendienst Service
- Kulanz
- Garantie
- ...

1.5 „frei Haus“ → Kosten trägt der Verkäufer.
„ab Werk“ → Kosten trägt der Käufer.
Der Gefahrübergang ist durch den Erfüllungsort bestimmt. Ist der Erfüllungsort der Geschäftssitz des Verkäufers, findet dort der Gefahrenübergang statt. In den Angeboten findet sich keine Reglung zum Erfüllungsort, also tritt die gesetzliche Regelung in Kraft. → Geschäftssitz des Verkäufer → Warenschulden sind Holschulden.

1.6 **Abänderung des Angebotes:**
Veit ändert das Angebot von Dantes, somit gilt die Bestellung als neuer Antrag, den Dantes annehmen kann oder auch nicht. Nimmt Dantes die Bestellung an, sollten Sie eine Bestellbestätigung senden (Annahme des Angebotes) oder sofort die Ware liefern.

Übung 2

1.1 **Quantitativer Angebotsvergleich:**

Einzelwerte der Angebote

	Angebot 1 Weller GmbH	Angebot 2 CLEANY KG	Angebot 3 San-Med GmbH
Listenpreis	29,90 EUR	48,00 EUR	49,50 EUR
Rabatt	10 %	5 %	10 %
Skonto	3 %	3 %	2 %
Lieferung	0,00 EUR	50,00 EUR	40,00 EUR
Anzahl Kartons	20	10	10

		Weller GmbH		CLEANY KG		San-Med GmbH	
	Listeneinkaufspreis		598,00 EUR		480,00 EUR		495,00 EUR
–	Rabatt	10 %	59,80 EUR	5 %	24,00 EUR	10 %	49,50 EUR
=	Zieleinkaufspreis		538,20 EUR		456,00 EUR		445,50 EUR
–	Skonto	3 %	16,15 EUR	3 %	13,68 EUR	2 %	8,91 EUR
=	Bareinkaufspreis		522,05 EUR		442,32 EUR		436,59 EUR
+	Bezugskosten		0,00 EUR		50,00 EUR		40,00 EUR
=	Einstandspreis		522,05 EUR		492,32 EUR		476,59 EUR

1.2 **Qualitativer Angebotsvergleich:**

Kriterium	Gewichtung in %	Weller GmbH		San-Med GmbH		CLEANY KG	
		Bewertung	Punkte	Bewertung	Punkte	Bewertung	Punkte
Produktqualität	40	6	240	5	200	6	240
Umweltbewusstsein	30	5	150	4	120	2	60
Kulanzverhalten	20	5	100	5	100	5	100
Lieferzeit	10	6	60	6	60	6	60
Summe	100		550		480		460
	Rangfolge		**1**		**2**		**3**

1 = Anforderung nicht erfüllt 6 = Anforderung voll erfüllt

1.3 **Begründung:**

Da San-Med das preislich günstigste Angebot hat und bei der Bewertung auf Rang 2 liegt, fällt die Entscheidung für San-Med. Bei Produktqualität und Umweltbewusstsein liegt sie hinter der Weller GmbH. Da wir aber bisher keine Beanstandungen bei der San-Med hatten und bei Weller hinsichtlich der Qualität nur Aussagen von Dritten vorliegen, bleibt es bei der Entscheidung für San-Med.

Hinweis: Die Beurteilung, wie hoch die Bewertung ausfällt, kann individuell verschieden sein. Es kommt hier auf die Begründung an. Andere Lösungen sind möglich.

Musterprüfungsaufgabe

Aufgabe 2

2.1

An:	iris.bauer@naturkosmetik.com
Cc:	
Bcc:	
Betreff:	Eigen- oder Fremdlager

Sehr geehrte Frau Bauer,

wie gewünscht erhalten Sie einen Vergleich zwischen Eigen- und Fremdlager. Die Kostenanalyse hat ergeben, dass ab einer kritischen Lagermenge von 162,5 Säcken ein Eigenlager kostengünstiger ist.

Bei der angesetzten Menge von 300 Säcken ist das Eigenlager in jeden Fall günstiger, bei den kalkulierten Kosten ergibt sich ein Wert von 2.750,00 EUR für das Eigenlager und 3.300,00 EUR für das Fremdlager.

Neben den Kosten spricht für das Eigenlager, dass wir direkte Kontrolle über die Lagerware haben und nicht auf Dienstleister angewiesen sind. Angesichts der empfindlichen Ware ist unser eigenes geschultes Personal mit der Lagerung bereits vertraut und im Fremdlager müssten wir die Mitarbeiterinnen und Mitarbeiter erst einweisen. Außerdem können wir das ganze Jahr auf die Ware zugreifen, beim Logistikdienstleister sind wir an deren Öffnungszeiten gebunden.

Mit freundlichen Grüßen

Schülername

Anhang:	

Hinweis: Es ist nicht zwingend nötig, die folgende Rechnung in die E-Mail zu übernehmen.

Nebenrechnung:

Kosten der Eigenlagerung	=	Kosten der Fremdlagerung	
$K_{var} + K_{fix}$	=	Kosten je Einheit im Fremdlager	
$7{,}00\ EUR/m^2 \cdot 1\ m^2/Sack + 650{,}00\ EUR$	=	$11{,}00\ EUR\ m^2/Sack$	
$7x + 650{,}00\ EUR$	=	$11x$	$\mid -7x$
$650{,}00\ EUR$	=	$4x$	$\mid :4$
162,5	=	x	
x	=	162,5 Säcke	

Kosten Eigenlager bei 300 Säcken = $7 \cdot 300 + 650 = 2.750{,}00$ EUR

Kosten Fremdlager bei 300 Säcken = $11 \cdot 300 = 3.300{,}00$ EUR

2.2.1

	A	B
3		
4	Bestellmenge in kg	2000
5		
6		
7	Listenpreis in EUR pro kg	19,95
8		
9		
10	Rabatt in %	ab Menge in kg
11	20	250
12		
13	Skontoabzug in %	
14	2	
15		
16	Bezugskosten	in EUR
17	pro kg	0,95
18	ab 500 kg pauschal	
19	500	250
20		
21	**Bezeichnung**	**Preis pro kg in EUR**
22	Listeneinkaufspreis	19,95
23	-Liefererrabatt	3,99
24	= Zieleinkaufspreis	15,96
25	- Liefererskonto	0,32
26	= Bareinkaufspreis	15,64
27	+ Bezugskosten	0,13
28	= Einstandspreis	15,77

	A	B
3		
4	Bestellmenge in kg	2000
5		
6		
7	Listenpreis in EUR pro kg	19,95
8		
9		
10	Rabatt in %	ab Menge in kg
11	20	250
12		
13	Skontoabzug in %	
14	2	
15		
16	Bezugskosten	in EUR
17	pro kg	0,95
18	ab 500 kg pauschal	
19	500	250
20		
21	**Bezeichnung**	**Preis pro kg in EUR**
22	Listeneinkaufspreis	=B7
23	-Liefererrabatt	=WENN(B4>B11;A11/100*B22;0)
24	= Zieleinkaufspreis	=B22-B23
25	- Liefererskonto	=B24*A14/100
26	= Bareinkaufspreis	=B24-B25
27	+ Bezugskosten	=WENN(B4>A19;B19/B4;B17)
28	= Einstandspreis	=B27+B26

Begründung: Bei Inanspruchnahme aller Rabatte (bei einer Bestellmenge von 2.000 Stück) ist der neue Lieferant DEBE GmbH mit 15,77 EUR günstiger als die Schreiber-Import AG. Bei ausschließlicher Berücksichtigung des Preises fällt die Entscheidung für die DEBE GmbH.

2.2.2

	A	B	C	D	E	F
1						
2			DEBE GmbH		Schreiber-Import AG	
3/4	Anforderungskriterien	Gewichtung der Kriterien	Note	Punkte	Note	Punkte
5	Qualität	30	6	180	3	90
6	Termintreue	10	1	10	6	60
7	Preis	25	5	125	1	25
8	Umweltbewustsein	10	5	50	1	10
9	Kulanz und Reklamation	10	6	60	3	30
10	Lieferzeit	15	6	90	2	30
11	Summen (Punkte)	100		515		245
12						
13	1- Kriterium nicht erfüllt					
14	6- Kriterium voll erfüllt					

	A	B	C	D	E	F
1						
2			DEBE GmbH		Schreiber-Import AG	
3 4	Anforderungskriterien	Gewichtung der Kriterien	Note	Punkte	Note	Punkte
5	Qualität	30	6	=C5*B5	3	=E5*B5
6	Termintreue	10	1	=C6*B6	6	=E6*B6
7	Preis	25	5	=C7*B7	1	=E7*B7
8	Umweltbewustsein	10	5	=C8*B8	1	=E8*B8
9	Kulanz und Reklamation	10	6	=C9*B9	3	=E9*B9
10	Lieferzeit	15	6	=C10*B10	2	=E10*B10
11	Summen (Punkte)	=SUMME(B5:B10)		=SUMME(D5:D10)		=SUMME(F5:F10)
12						
13	1- Kriterium nicht erfüllt					
14	6- Kriterium voll erfüllt					

Begründung: Nach Auswertung des qualitativen Angebotsvergleiches sollte sich die Naturkosmetik KG für die DEBE GmbH entscheiden. Die DEBE GmbH erreichte hier die meisten Punkte und entspricht so am ehesten den Anforderungen der Naturkosmetik KG. Vor allem bei den Punkten Qualität und Preis liegt die DEBE GmbH deutlich vor der Schreiber-Import AG.

Das Umweltbewusstsein ist bei der DEBE GmbH besser, zudem ist diese zertifiziert.

Die Lieferzeit ist kürzer als bei der Schreiber-Import AG, allerdings liegt die DEBE GmbH bei der Termintreue hinter unserem Stammlieferanten, dieses Kriterium wird aber weniger gewichtet.

2.3.1 **Telefon:** Bestellung geht direkt an den verantwortlichen Empfänger. Fragen können im Gegensatz zum Fax sofort geklärt werden.

E-Mail: Schnelle und kostengünstige schriftliche Mitteilung im Vergleich zum Brief. Akustische Missverständnisse, wie sie beim Telefonat entstehen können, werden vermieden. Zudem ist ein schriftlicher Nachweis vorhanden.

Telefax: Schnelle Übermittlung von Informationen mit Unterschrift und Stempel. Empfänger hat die Bestellung in Papierform vorliegen. Auch Bestellvordrucke können verwendet werden.

2.3.2 Ein Kaufvertag kommt durch zwei übereinstimmende Willenserklärungen zustande (Antrag und Annahme).

Die Bestellung der Naturkosmetik KG stellt den Antrag dar (1. WE), das Angebot der DEBE GmbH galt nur für die Dauer des Telefonates (§ 147 Abs. 1 BGB), somit stellt die Bestellung eine verspätete Annahme eines Angebotes dar → neue WE. Mit der Auftragsbestätigung nimmt die DEBE GmbH den Antrag an (2. WE) und es kommt zum Kaufvertrag.

2.3.3

Naturkosmetik KG

Naturkosmetik KG • Auf der Halde 12 – 18 • 79102 Freiburg

Kunden-Nr.:
Name:
Telefon:
Telefax:
E-Mail:

Datum:

Bestellung

Artikel-Nr.	Bezeichnung	Menge	Einzelpreis	Gesamtpreis
			EUR	EUR
			EUR	EUR
			EUR	EUR
			EUR	EUR
			EUR	EUR
			EUR	EUR
			EUR	EUR
			EUR	EUR
			Gesamtbetrag	EUR

Lieferungs- und Zahlungsbedingungen	
Liefertermin	
Bemerkungen	
Ort, Datum	Unterschrift

Naturkosmetik KG
Auf der Halde 12 – 18
79102 Freiburg

Telefon: 0761 123-0
Telefax: 0761 123-490
E-Mail: info@naturkosmetik.com
Internet: www.naturkosmetik.com

Geschäftsführer:
Sebastian Müller
Claudia Schneider

Sitz Freiburg
USt-IdNr.: DE399488123
Amtsgericht Freiburg
HRB 12209

Bankverbindung: Baden-Württembergische Bank IBAN: DE84 6002 0030 9858 5858 88 – BIC: SOLADEST601

2.4

	A	B	C	D	E	F
1	Jahresbedarf in kg	Bestellkosten	Lagerhaltungskostensatz	Einstandspreis/kg		
2	3.600	150,00 €	4,00%	10,00 €		
3						
4	Bestellung in kg	Bestellhäufigkeit	Durchschn. Lagerbestand	Lagerhaltungskosten	Bestellkosten	Gesamtkosten
5	450	8,00	225	90,00 €	1.200,00	1.290,00
6	900	4,00	450	180,00 €	600,00	780,00
7	1200	3,00	600	240,00 €	450,00	690,00
8	1800	2,00	900	360,00 €	300,00	660,00
9	3600	1,00	1800	720,00 €	150,00	870,00

	A	B	C	D	E	F
1	Jahresbedarf in kg	Bestellkosten	Lagerhaltungskostensatz	Einstandspreis/kg		
2	3600	150	0,04	10		
3						
4	Bestellung in kg	Bestellhäufigkeit	Durchschn. Lagerbestand	Lagerhaltungskosten	Bestellkosten	Gesamtkosten
5	450	=$A$2/A5	=A5/2	=C5*$D$2*$C$2	=B5*$B$2	=E5+D5
6	900	=$A$2/A6	=A6/2	=C6*$D$2*$C$2	=B6*$B$2	=E6+D6
7	1200	=$A$2/A7	=A7/2	=C7*$D$2*$C$2	=B7*$B$2	=E7+D7
8	1800	=$A$2/A8	=A8/2	=C8*$D$2*$C$2	=B8*$B$2	=E8+D8
9	3600	=$A$2/A9	=A9/2	=C9*$D$2*$C$2	=B9*$B$2	=E9+D9

Aufgabe Bezugskalkulation „Firma Ludwig Weiss GmbH“

	A	B	C	D	E	F
1						
2		Bürotechnik Wolter KG			Hittmann Office GmbH	
3		Kondition			Kondition	
4	Listeneinkaufspreis		4.190,00 €			4.398,00 €
5	-Liefererrabatt	8%	335,20 €		12%	527,76 €
6	= Zieleinkaufspreis		3.854,80 €			3.870,24 €
7	- Liefererskonto	3%	115,64 €		2%	77,40 €
8	= Bareinkaufspreis		3.739,16 €			3.792,84 €
9	+ Bezugskosten		6,90 €			13,75 €
10	= Einstandspreis		3.746,06 €			3.806,59 €

	A	B	C	D	E	F
1						
2		Bürotechnik Wolter KG			Hittmann Office GmbH	
3		Kondition			Kondition	
4	Listeneinkaufspreis		4190			4398
5	-Liefererrabatt	0,08	=C4*B5		0,12	=F4*E5
6	= Zieleinkaufspreis		=C4-C5			=F4-F5
7	- Liefererskonto	0,03	=C6*B7		0,02	=F6*E7
8	= Bareinkaufspreis		=C6-C7			=F6-F7
9	+ Bezugskosten		6,9			13,75
10	= Einstandspreis		=C9+C8			=F9+F8

2 Kaufvertrag

2.3 Allgemeine Geschäftsbedingungen (AGB)

1. **Erfüllungsort:**
   a) Geld: Ravensburg, Ware: Wangen
   b) beide Male Lindau
   c) Geld: Biberach, Ware: Ulm
   d) beide Male Riedlingen

2. **Gerichtsstand unter der Voraussetzung des zweiseitigen Handelskaufes:**
   a) Geld: Ravensburg, Ware: Wangen
   b) Lindau → immer auch bei Nichtkaufleuten
   c) beide Male Ulm
   d) beide Male Riedlingen

3. **AGB:** Viele für Verträge vorformulierte Vertragsbedingungen. Diese sollen die Vertragsgestaltung vereinheitlichen und erleichtern, da nicht bei jedem Vertrag alle Bedingungen neu geregelt werden müssen.

4. **Voraussetzungen AGB:**
   - müssen vor Vertragsabschluss vorliegen oder sichtbar aushängen
   - in angemessener Schrift und Größe („Kleingedrucktes")
   - Damit alle Klauseln Vertragsbestandteil werden, dürfen diese keine mehrdeutigen Inhalte haben, den Vertragspartner unangemessen benachteiligen oder einen überraschenden Inhalt haben.

5. **Vertragsbestandteil:**
   a) AGB liegen nicht bei Vertragsabschluss vor, sondern erst bei Rechnungsstellung. Aus diesem Grund sind sie nicht Vertragsbestandteil.
   b) liegen vor Vertragsabschluss vor → werden Bestandteil
   c) sind für jeden Kunden erkennbar ausgehängt
   d) Da Kunden bestätigen, dass sie diese gelesen haben (oder auch ignoriert haben), werden sie Bestandteil des Vertrages.
   e) Die AGB im Allgemeinen werden Vertragsbestandteil, aber die Klausel mit der Reinigung ist unerwartet und somit nichtig.
   f) Der Händler kann die gesetzliche Gewährleistung nicht einschränken. Diese Klausel wird nicht Vertragsbestandteil.
   g) Die AGB als Ganzes werden Vertragsbestandteil, da diese sichtbar aushängen. Die pauschalen Begutachtungskosten werden nicht Bestandteil, wenn sie nur in den AGB stehen.
   → unerwartete Klausel
   Als individuelle Vereinbarung beim Werkstattauftrag ist diese Pauschale aber möglich.
   h) Unabhängig vom Inhalt werden die AGB nicht Vertragsbestandteil. Der Umfang und die Größe der Buchstaben sind zu klein, man kann keinen Kunden zumuten, so etwas zu lesen.

i) unerwartete Klausel → 60 Monate unüblich und nicht über die AGB regelbar → kein Vertragsbestandteil
j) Klausel, die den Kunden unangemessen benachteiligt. Er muss höhere Preise akzeptieren, bekommt aber keine niedrigeren. Diese Klausel wird nicht Vertragsbestandteil.

2.4 Kaufvertragsarten

1. **Kriterien zur Kaufvertragsunterscheidung:**
   - nach Art und Güte der Ware
   - nach Zahlungsbedingungen
   - nach Lieferzeit und Lieferbedingungen
   - nach Erfüllungsort
   - nach rechtlicher Stellung der Vertragspartner

2. **Beispiele:**
   a) Fixkauf: Lieferung der Partyhäppchen am 31.12.
   b) Terminkauf: Lieferung der neuen Sommerreifen bis zum 01.04.
   c) Kauf auf Abruf: Die bestellten 200 t Sand für die Baustellte werden in 40-t-Teilen auf Abruf geliefert.
   d) Spezifikationskauf: Das Modehaus kauft 100 Oberteile der neuen Kollektion vom Designer F. Die Größe wird später bestimmt.

3. **Unterscheidung „nach Art und Güte der Ware“:**
   a) Kauf nach Sicht
   b) Ramschkauf
   c) Gattungskauf
   d) Kauf nach Probe
   e) Kauf zur Probe
   f) Kauf auf Probe
   g) Stückkauf

4. Beim **einseitigen Handelskauf** (Verbrauchsgüterkauf) ist nur der Verkäufer Kaufmann. Beim **zweiseitigen Handelskauf** sind beide Vertragspartner Kaufleute. Beim **bürgerlichen Kauf** sind beide Vertragspartner Privatleute (Kauf von privat).

2.5 Kaufvertragsstörungen

1. **Arten der Kaufvertragsstörungen:**
   - Nicht-rechtzeitig-Lieferung
   - Lieferverzug
   - Schlechtleistung/mangelhafte Lieferung
   - Nicht-rechtzeitig-Zahlung/Zahlungsverzug
   - Annahmeverzug

2. **Vorrangige Rechte:** → Nacherfüllung, wahlweise:
   Mängelbeseitigung oder Neulieferung (§§ 439, 275 BGB)

   Nachrangige Rechte: → Vertragsrücktritt (§ 437 Nr. 2 und § 323 BGB)
   oder
   → Kaufpreisminderung (§ 437 Nr. 2 und § 441 BGB)

   Außerdem ist es möglich, Schadenersatz zu verlangen (§ 437 Nr. 3 und §§ 276, 280, 281 BGB)

3. **Ohne Nachfristsetzung:**
   Erfüllung → Nachlieferung (§ 286 BGB) und/oder Schadenersatz

   Mit Nachfristsetzung:
   Rücktritt vom Vertrag (§ 323 BGB) und/oder Schadenersatz statt Leistung (§ 281 BGB)

4. **Mängel nach der Erkennbarkeit:**
   a) verdeckter Mangel
   b) offener Mangel
   c) verdeckter Mangel → arglistig verschwiegen

   Anforderungen an einen Sachmangel (subjektiv, objektiv oder Falschlieferung):
   d) subjektive Anforderungen – Zu-wenig-Lieferung
   e) Falschlieferung
   f) objektiv
   g) objektiv

5. **Rechtsmangel:** Man spricht von einem Rechtsmangel, wenn ein Dritter aufgrund eines privaten oder öffentlichen Rechts das Eigentum, den Besitz oder den Gebrauch der Sache oder des Rechts beeinträchtigen kann.

2.7 Fernabsatzverträge

1. **Gewährleistung:** gesetzlicher Anspruch des Käufers auf Mangelbeseitigung
   Garantie: freiwillige Leistung/Versprechen des Verkäufers/Herstellers, Mängel und Fehler zu beseitigen

   Umfang und Dauer einer Garantie kann der Verkäufer frei festlegen (Vertragsfreiheit), die Rechte aus Gewährleistung lassen sich durch eine Garantie nicht einschränken. In der Regel verzichtet der Verkäufer mit dem Einräumen einer Garantie auf die Beweislastumkehr.

2. **Beweislastumkehr (§ 477 BGB):**
   In den ersten zwölf Monaten der Gewährleistung muss der Verkäufer dem Käufer nachweisen, dass der Mangel durch sein Fehlverhalten/Nutzungsverhalten eingetreten ist (Beweislastumkehr). Ab dem 13. Monat bis zum 24. Monat muss der Käufer dem Verkäufer nachweisen, dass der Fehler schon beim Kauf vorlag oder in der Konstruktion der Sache bedingt ist.

   Bei Streitigkeiten ist es üblich, dass der Kläger (in diesem Beispiel der Käufer) dem Beklagten (in diesem Beispiel dem Verkäufer) seinen Fehler nachweisen muss. In den ersten zwölf Monaten wird dieses Prinzip umgekehrt (siehe oben).

3. neue Ware beim Verbrauchsgüterkauf → 24 Monate (§ 438 BGB)
   gebrauchte Ware beim Verbrauchsgüterkauf → 12 Monate (durch individuellen Vertrag oder in den AGB geregelt)

4. Da der Kunde die Ware im stationären Handel in Augenschein nehmen kann, kann er diese testen und sich entscheiden. Beim Kauf im Internet oder Katalog ist dies nicht möglich. Um zu testen, ob das Produkt seinen Vorstellungen entspricht, kann er 14 Tage darüber nachdenken.

5. Der Rücktritt muss ausdrücklich geschehen durch schriftliche oder mündliche Erklärung gegenüber dem Verkäufer und Zurücksenden der Ware. Lediglich die Ware zurückzusenden reicht nicht aus, obwohl die Verkäufer dies in der Regel akzeptieren.

3 Waren lagern

1. **Warenannahme:**
   - Vollständigkeit der Versandstücke → Vergleich mit Lieferschein
   - Vergleich der Adresse auf Versandstücken mit unserer
   - offene Verpackungsschäden?
   - Vergleich des Inhaltes der Versandstücke mit Lieferschein und Bestellung

2. **Funktionen der Lagerhaltung:**
   - Überbrückungsfunktion
   - Sicherungsfunktion
   - Veredelungsfunktion/Reifungsfunktion
   - Preisausgleichsfunktion
   - Kostensenkungsfunktion

3. Beim **Festplatzsystem** hat jeder Artikel seinen festen Lagerplatz, dabei ist es egal, ob er im Lager liegt oder gerade in Bestellung ist.

   Bei der **chaotischen Lagerhaltung** wird jedem Artikel erst bei Einlagerung ein Lagerplatz von der EDV zugewiesen. Dieser Lagerplatz wird frei vergeben ohne EDV-Unterstützung.

4. **Lagerkennzahlen**

   a) Die Lagerumschlagsgeschwindigkeit gibt an, wie oft das Lager in einer bestimmten Periode umgesetzt wird bzw. ausgetauscht wird. Eine Umschlagsgeschwindigkeit von 52 würde bedeuten, dass das Lager einmal pro Woche im Jahr umgesetzt wird. Eine Umschlagsgeschwindigkeit von 1 bedeutet, dass das Lager einmal in der betrachteten Periode umgeschlagen wird.

   b) Lagerabgang : durchschnittlicher Lagerbestand
   = 2.063 : 1.443
   = 1,43

   c) durchschnittliche Lagerdauer

	D	E	F	G
6		Umschlagshäufigkeit	1,43	=F29/B15
7		durchschnittliche Lagerdauer	251,10	=360/F6
8				
9	14. Januar	–600	Abgang	
10	25. Januar	–890	Abgang	
11	28. Januar	–573	Abgang	
12	Lagerabgang	2.063		

d) $$\text{Lagerzinssatz} = 2{,}44 \left(\frac{\text{Jahreszinssatz}^{1} \cdot \text{durchschnittliche Lagerdauer}}{360}\right)$$

e) $$\text{Lagerreichweite in Tagen} = 16 \left(\frac{\text{durchschnittlicher Lagerbestand}}{\text{tgl. Verbrauch}}\right)$$

f) + g)

	A	B	C
1		Lagerbestand	
2	01. Jan	1.524	
3	31. Jan	491	
4	28. Feb	797	
5	31. Mrz	479	
6	30. Apr	1.813	
7	31. Mai	1.002	
8	30. Jun	1.485	
9	31. Jul	1.624	
10	31. Aug	1.648	
11	30. Sep	1.755	
12	31. Okt	2.291	
13	30. Nov	2.006	
14	31. Dez	1.791	
15	Durchschnittlicher Lagerbestand	1.439	=MITTELWERT(B2:B14)
16	durchschnittlich im Lager gebundens Kapital	3.597,31 €	=B15*2,5

h) Die Ware bleibt durchschnittlich 252 Tage im Lager. Das ist zu hoch, vermutlich liegt es an den zu hohen Anfangsbeständen. Ein Blick auf die Umschlagshäufigkeit zeigt, dass der Lagerbestand nur 1,43-mal im Jahr ausgetauscht wird. Eine zu hohe Lagerdauer führt zu hohen Lager- und Kapitalbindungskosten.

5. **Eigen- oder Fremdlager:**

$$\begin{aligned} 2.500 + 2{,}5x &= 15x \quad \mid -2{,}5x \\ 2.500 &= 12{,}5x \quad \mid : 12{,}5 \\ x &= 200 \end{aligned}$$

Ab einer Lagermenge von 200 Paletten im Monat lohnt sich das Eigenlager.

---

[1] *Jahreszinssatz als Zahl: 3,5 für 3,5 %.*

4 Rechnungen bezahlen

1. Für die „Bearbeitung“ von Bargeld braucht es besondere Sicherheitsmaßnahmen. Bargeld muss vor Diebstahl und Verlust geschützt werden, zudem muss es zur Abrechnung auf die Bank gebracht werden, dies verursacht i. d. R. Kosten. Die Gefahr von Verzählen oder Ab- und Zugängen ohne Beleg ist auch größer als bei Buchgeld, da existiert immer ein Kontoauszug.

2. **Formen der bargeldlosen Zahlung:**
   a) Dauerauftrag
   b) SEPA-Überweisung
   c) Lastschrift bzw. SEPA-Einzugsermächtigung
   d) ELV/Lastschrift
   e) Abschlag per Dauerauftrag und Jahresrechnung per Überweisung
   In der Realität verlangen die Unternehmen eine Einzugsermächtigung, um sicher an ihr Geld zu kommen.
   f) Dauerauftrag

3. **Beurteilung Skontozahlung:**
   Bankdarlehen: 8,5 % p. a.
   Jahr: 360 Tage

	a)	b)	c)
Zahlungsziel ohne Skonto	30 Tage	20 Tage	60 Tage
Zahlungsziel mit Skonto	14 Tage	10 Tage	14 Tage
Dauer der Kreditinanspruchnahme	16 Tage	10 Tage	46 Tage
Skonto	3,00 %	2,50 %	1,50 %
Rechnungssumme	2.500,00 EUR	1.800,00 EUR	3.000,00 EUR
Skontobetrag	75,00 EUR	45,00 EUR	45,00 EUR
Betrag abzgl. Skonto	2.425,00 EUR	1.755,00 EUR	2.955,00 EUR
Zinsen für Kredit	9,16 EUR	4,14 EUR	32,09 EUR

5 Prüfungsähnliche Gesamtaufgabe

1.

	Weihnachtssortiment	Menge	Preis pro ME	Einkaufswert	%-Anteil	kum. %-Anteil	
1	Styroporformteile M	6.000 Stück	1,50 €	9.000,00 €	14,20%	14,20%	A
2	Papierkordel div. Farben	950 lfd. m	9,20 €	8.740,00 €	13,79%	27,99%	A
3	Moosband	950 Stück	7,00 €	6.650,00 €	10,49%	38,48%	A
4	Adventskalenderzahlen Holz	3.500 lfd. m	1,80 €	6.300,00 €	9,94%	48,41%	A
5	Tannenkranz	900 Stück	6,00 €	5.400,00 €	8,52%	56,93%	A
6	Drahtstern	4.500 lfd. m	1,20 €	5.400,00 €	8,52%	65,45%	A
7	Teelichthalter Sform	6.000 Stück	0,75 €	4.500,00 €	7,10%	72,55%	A
8	Tannenzapfen silber	500 lfd. m	8,50 €	4.250,00 €	6,70%	79,26%	B
9	Pappmaschee	500 Stück	6,80 €	3.400,00 €	5,36%	84,62%	B
10	Filzplatten rot 5 mm	400 lfd. m	7,50 €	3.000,00 €	4,73%	89,35%	B
11	Bastellperlen div. Farben	8.000 Stück	0,30 €	2.400,00 €	3,79%	93,14%	C
12	Deko Schneeflocken	80 lfd. m	30,00 €	2.400,00 €	3,79%	96,92%	C
13	Holzsterne 15 cm	15.000 Stück	0,13 €	1.950,00 €	3,08%	100,00%	C
				63.390,00 €			

2.

Einstandspreis	1,50 €	6.000 Stück	Kosten je Bestellung	8,90 €
Lagerzins	5,50%			

Bestellmenge in Stück	Anzahl Bestellungen	Bestellkosten in EUR	durchschnittlicher Lagerbestand in Stück	durchschnittlicher Lagerbestand in EUR	Lagerkosten in EUR	Gesamtkosten in EUR
200	30	267,00 €	100	150,00 €	8,25 €	275,25 €
400	15	133,50 €	200	300,00 €	16,50 €	150,00 €
600	10	89,00 €	300	450,00 €	24,75 €	113,75 €
1.000	6	53,40 €	500	750,00 €	41,25 €	94,65 €
1.200	5	44,50 €	600	900,00 €	49,50 €	94,00 € ←
2.000	3	26,70 €	1000	1.500,00 €	82,50 €	109,20 €
2.400	2,5	22,25 €	1200	1.800,00 €	99,00 €	121,25 €
3.000	2	17,80 €	1500	2.250,00 €	123,75 €	141,55 €
6.000	1	8,90 €	3000	4.500,00 €	247,50 €	256,40 €

3. **Anfrage an die Formteile GmbH:**

Dreier
Bastelbedarf und mehr

Dreier GmbH • Dornierstraße 12 • 88471 Laupheim
Formteile GmbH
Industriestraße 25
72760 Reutlingen

Ihr Zeichen:
Ihre Nachricht vom:
Unser Zeichen:
Unsere Nachricht vom:

Name:	Schülername
Telefon:	07392 4040-01
Fax:	07392 4040-10
E-Mail:	info@dreierbb.de
Datum:	20.02.20..

Anfrage Styroporformteile M

Sehr geehrte Damen und Herren,

wir interessieren uns für die Styroporformteile M aus Ihrem Sortiment (Artikelnummer 2346). Bitte senden Sie uns ein Angebot über die Lieferung von 1.200 Stück bis spätestens zum 25.03.20.. .

Gerne würden wir Sie als Lieferanten in unser Programm aufnehmen und würden uns über einen guten Preis freuen.

Mit freundlichen Grüßen

i. A. Schülername

Sachbearbeiter Einkauf
Dreier GmbH

Geschäftsräume	Sparkasse Biberach	VR-Bank Ulm	Handelsregister
Dornierstraße 12	IBAN: DE25 6545 0070 0658 7898 12	IBAN: DE50 6309 0100 0006 5415 54	Ulm
88471 Laupheim	BIC: SBCRDE66	BIC: ULMVDE66XXX	HRB 10047689

4. **Quantitativer Angebotsvergleich:**

Variante I Angebotsvergleich Gesamtpreis

		Formteile GmbH		Styro KG		Bastelbedarf GmbH		Kunststoff GmbH
Listeneinkaufspreis		2.000,00 €		2.200,00 €		2.600,00 €		1.800,00 €
- Rabatt	9,0%	180,00 €	15%	330,00 €	15%	390,00 €	0%	- €
= Zieleinkaufspreis		1.820,00 €		1.870,00 €		2.210,00 €		1.800,00 €
- Skonto	1,5%	27,30 €	0%	- €	3%	66,30 €	0%	- €
= Bareinkaufspreis		1.792,70 €		1.870,00 €		2.143,70 €		1.800,00 €
+ Bezugskosten		10,00 €		15,00 €		- €		20,00 €
= Einstandspreis		1.802,70 €		1.885,00 €		2.143,70 €		1.820,00 €
Einstandspreis je Stück		**1,50 €**		**1,57 €**		**1,79 €**		**1,52 €**

Varinate II Angebotsvergleich je Stück

		Formteile GmbH		Styro KG		Bastelbedarf GmbH		Kunststoff GmbH
Listeneinkaufspreis		1,67 €		1,83 €		2,17 €		1,50 €
- Rabatt	9,0%	0,15 €	15%	0,28 €	15%	0,33 €	0%	- €
= Zieleinkaufspreis		1,52 €		1,56 €		1,84 €		1,50 €
- Skonto	1,5%	0,02 €	0%	- €	3%	0,06 €	0%	- €
= Bareinkaufspreis		1,49 €		1,56 €		1,79 €		1,50 €
+ Bezugskosten je Stück		0,01 €		0,01 €		- €		0,02 €
= Einstandspreis je Stück		1,50 €		1,57 €		1,79 €		1,52 €

Qualitativer Angebotsvergleich:

Musterlösung: andere Lösungen und Gewichtungen sind möglich

		Formteile GmbH		Styro KG		Bastelbedarf GmbH		Kunststoff GmbH	
Anforderungskriterien	Gewichtung der Kriterien	Note	Punkte	Note	Punkte	Note	Punkte	Note	Punkte
Umweltbewusstsein	20	5	100	5	100	1	20	5	100
Preis	35	6	210	4	140	2	70	5	175
Qualität	35	5	175	5	175	5	175	3	105
Kulanz	10	5	50	5	50	4	40	4	40
Summen (Punkte)	100		535		465		305		420

1- nicht erfüllt 6-voll erfüllt

5. Bei der **Just-in-time-Lieferung** verzichtet man auf eine Lagerhaltung. Sämtliche Ware wird auftragssynchron bei uns angeliefert. Voraussetzung ist, dass wir im Vorfeld genau wissen, wie hoch unser Bedarf ist. Da wir viele Produkte international beziehen, müssen wir mindestens für die Dauer der Lieferzeit eine kleine Vorratshaltung haben, was aber gegen das reine Just-in-time-Prinzip spricht. Unsere Kunden bestellen auch nicht immer gleichmäßig, sodass eine genaue Planung schwierig ist. Andererseits würden wir Lagerkosten sparen.

   Beim **Bestellpunktverfahren** haben wir eine Lagerhaltung. Beim Erreichen des Meldebestandes wird eine Bestellung beim Lieferanten ausgelöst. Für unregelmäßige Bedarfe, wie im Versandhandel, ist dieses Verfahren ideal. Es wird immer erst dann bestellt, wenn der Meldebestand unterschritten ist. Dieser ist i. d. R. so hoch wie der durchschnittliche Verbrauch während der Lieferzeit, zuzüglich eines Sicherheitsbestandes. Der Sicherheitsbestand wird nur dann genutzt, wenn sich die Lieferung verzögert oder es Bedarfsschwankungen gibt.

6. MB = durchschnittlicher Verbrauch · Beschaffungszeit + Sicherheitsbestand
   = 20 Stück am Tag · 10 Tage (Lieferzeit Form GmbH) + 250
   = 450 Stück

7. **Bestimmungskauf:**

An:	mueller@dreierbb.de
Cc:	
Bcc:	
Betreff:	Bestimmungskauf/Spezifikationskauf

Sehr geehrter Herr Müller,

bitte bestellen Sie die Papierkordeln bei unserem Stammlieferanten. Allerdings möchten wir nicht festlegen, welche Farben und Einzellängen benötigt werden.

Gestalten Sie den Kauf als Bestimmungskauf. Beim Bestimmungskauf erwerben wir zunächst nur eine festgelegte Menge der Ware. Andere Eigenschaften der Ware werden dem Verkäufer erst später mitgeteilt. In unserem Fall werden wir 950 lfm Papierkordeln kaufen und erst später mit dem Verkäufer die Farben und einzelnen Längen aushandeln. Allerdings müssen wir darauf achten, dass wir mit dem Verkäufer den Zeitpunkt der Spezifikation festlegen. Wenn wir uns zu lange Zeit lassen mit der Spezifikation/Bestimmung der Ware, kann der Verkäufer selbst festlegen, welche Eigenschaften die Kordeln haben sollen.

Besten Dank für Ihre Mühe.

Freundliche Grüße

Dreier GmbH

i. A. Schülername

Telefon: +49 7392 4040-01
Telefax: +49 7392 4040-10
E-Mail: info@dreierbb.de
Internet: www.dreierbb.de

Dreier GmbH, Dornierstraße 12, 88471 Laupheim
Geschäftsführer: Heribert Dreier
Handelsregister: HRB 10047689 beim Amtsgericht Ulm

Anhang:	

8. **Nicht-rechtzeitig-Lieferung (Lieferverzug):**

Voraussetzungen	Ergebnis
Fälligkeit der Leistung	Die Lieferung der Ware war als „Lieferung sofort“ vereinbart. Problem: „Sofort“ ist kalendarisch nicht bestimmbar. Folge: Die Fälligkeit tritt erst nach Mahnung ein. Der Lieferant muss in Verzug gesetzt werden.
Verschulden	Es werden keine Gründe aufgeführt, die einen Lieferverzug rechtfertigen würden. Aus diesem Grund muss vom Verschulden des Lieferanten ausgegangen werden.
Mahnung nötig?	erforderlich → ohne Mahnung kein Verzug Außerdem war der Liefertermin nicht kalendarisch bestimmbar.

Folge: Wir müssen den Lieferanten durch eine Mahnung in Verzug setzen. In dieser Mahnung muss ihm eine Nachfrist gesetzt werden. Nach Verstreichen der Frist (Frist sollte also kalendarisch bestimmbar sein oder bestimmt sein!) weitere Schritte wie Rücktritt und Schadenersatz möglich.

9. **Mangelhafte Lieferung:**
Es liegt ein Sachmangel vor, die Beschaffenheit der Ware entspricht nicht der Vereinbarung (§ 434 Abs.2 Nr. 1 BGB → subjektiv): vereinbart → Perlen aus hochwertigem Buchenholz, geliefert → Perlen aus günstigerem Pappelholz

Rechte auf Nacherfüllung § 439 BGB → Wir haben die Wahl: Neulieferung oder Nachbesserung.

Nachbesserung nicht möglich → Neulieferung der Ware

Setzung einer Nachfrist für Neulieferung → danach Rücktritt vom Kaufvertrag möglich

Schadenersatz → Wenn ein Schaden entstanden ist, besteht jederzeit ein Anspruch auf Schadenersatz.

10. **Ablauf Wareneingang – Lösungsvorschlag:**
- Überprüfung, ob die Ware für uns bestimmt ist → Kontrolle der Adresse auf dem Lieferschein
- In Anwesenheit des Frachtführers (Spedition) die Anzahl der Frachtstücke mit dem Lieferschein vergleichen. Unstimmigkeiten unverzüglich dem Frachtführer mitteilen.
- In Anwesenheit des Frachtführers Pakete und Frachtstücke auf offene Schäden untersuchen. Fehler vom Frachtführer quittieren lassen!
- Nach Entfernen der Umverpackung Prüfung auf Vollständigkeit der Ware → Vergleich mit Lieferschein → bei Abweichung Einkauf informieren → informiert unverzüglich den Lieferanten
- Kontrolle der Ware auf Fehler → bei Fehlern Einkauf informieren → informiert unverzüglich den Lieferanten
- Ware einlagern

11. **Entscheidung über Skontozahlung:**

Zahlung ohne Skonto	2.167,70 €
Zahlung mit Skonto	2.135,18 €
Skontoersparnis	32,52 €
Annahme: Zahlung am 10. Tag mit Skonto	
Dauer der alternativen Anlage: 20 Tage	20 Tage
360 Tage	365 Tage
6,52 €	6,43 €
=2.135,18*5,5%/360*20	'=2.135,18*5,5%/365*20

Eine Inanspruchnahme des Skontos ist sinnvoll. Wenn man das Geld vom 10. bis zum 30. Tag der Zahlungsfrist anlegen würde, wäre der Zinsgewinn nur 6,43 EUR, die Ersparnis durch Skontozahlung beträgt aber 32,52 EUR.

Prüfungsaufgaben Informationstechnisches Büromanagement[1]

1 Prüfungsaufgaben Sommer 2018

Aufgabe 1

1.1.1 Terminplaner

Nicht verfügbare Termine Abteilung Verkauf:

Tag der Arbeit:	01.05.2018
Christi Himmelfahrt:	10.05.2018
Pfingstmontag:	21.05.2018
Fronleichnam:	31.05.2018
Betriebsschließung:	30.04.2018 – 04.05.2018
Verkaufstraining:	15.05.2018 – 16.05.2018
Messen: – CosmeticBusiness	07.06.2018 – 10.06.2018
– COSMETICA	28.06.2018 – 01.07.2018
Verpflichtende abteilungsübergreifende Wochenbesprechung:	montags 08:30 – 09:15 Uhr
Urlaub Herr Kaiser:	11.06.2018 – 22.06.2018
Urlaub Frau Demirci:	07.05.2018 – 11.05.2018
Pfingstferien:	21.05.2018 – 01.06.2018
Samstag/Sonntag	

Mögliche Termine:
Do. 17.05.2018 und Fr. 18.05.2018
Di. 05.06.2018 und Mi. 06.06.2018
Di. 26.06.2018 und Mi. 27.06.2018

Mai		**Juni**	
Di	1	Fr	1
Mi	2	Sa	2
Do	3	So	3
Fr	4	Mo	4
Sa	5	Di	5
So	6	Mi	6
Mo	7	Do	7
Di	8	Fr	8
Mi	9	Sa	9
Do	10	So	10
Fr	11	Mo	11
Sa	12	Di	12
So	13	Mi	13
Mo	14	Do	14
Di	15	Fr	15
Mi	16	Sa	16
Do	17	So	17
Fr	18	Mo	18
Sa	19	Di	19
So	20	Mi	20
Mo	21	Do	21
Di	22	Fr	22
Mi	23	Sa	23
Do	24	So	24
Fr	25	Mo	25
Sa	26	Di	26
So	27	Mi	27
Mo	28	Do	28
Di	29	Fr	29
Mi	30	Sa	30
Do	31		

[1] *Lösungen und DIN 5008 zum Stand der jeweiligen Prüfung.*

1.1.2 Einladung, DMS mit Terminplanung

An:	verkauf@natural-beauty.com
Cc:	v.pender@natural-beauty.com
Bcc:	
Betreff:	Einführung Dokumentenmanagementsystem

Liebe Mitarbeiter/-innen der Verkaufsabteilung,

endlich ist es soweit. Die Implementierung unseres neuen DMS ist Anfang Juli abgeschlossen. Wir laden Sie zu einer eintägigen Besprechung, wahlweise am Donnerstag, 17. Mai 2018 oder am Mittwoch, 6. Juni 2018 ein.

Teilen Sie mir bitte umgehend Ihren Wunschtermin mit.

Ort und Zeit der Besprechung ist bei der bitfarm-IT GmbH, Benzstraße 17 in Mannheim von 08:30 Uhr bis ca. 17:30 Uhr. Für Ihr leibliches Wohl ist bestens gesorgt.

Nachdem auch Sie sich von dem schnelleren Informationszugriff, beschleunigten Arbeitsprozessen und Verbesserungen bei Controlling und Kundenservice überzeugt haben, sind wir sicher, dass durch das DMS sich Ihre Motivation durch Einsatz modernster Technologie, Reduktion monotoner Ablage- und Suchtätigkeiten und gleichzeitig mehr Zeit für kreative und anspruchsvolle Aufgaben steigert.

Ende August erfolgt eine aufbauende Schulung hier bei uns im Hause, sodass das DMS anschließend optimal genutzt werden kann.

Freundliche Grüße

Prüfling

E-Mail: pruefling@natural-beauty.com
Internet: www.natural-beauty.com
Telefon: 06221 3439-0
Telefax: 06221 3439-20
Hausanschrift: Lennisterweg 17, 69115 Heidelberg

Komplementär: Nico Remejn
Unternehmenssitz: Heidelberg
USt-IdNr.: DE 183631402
St.-Nr.: 430671722
Handelsregister: HRA 3380 beim Amtsgericht Heidelberg

1.2

NATURAL·BEAUTY·KG

Arbeitsvorlage

Den neuen Mitarbeitern der Verkaufsabteilung sind folgende Arbeitsplätze zuzuordnen:

Frau Löwicke: non-territorialer Arbeitsplatz; Begründung: Sie ist nur max. zweimal pro Woche im Büro. Deshalb ist ein fester Arbeitsplatz nicht effizient.

Herr Kuhn: Telearbeit; Begründung: So kann er Familie und Beruf vereinbaren, ohne sein soziales Umfeld zu verlassen. Er erhält ein Homeoffice-Equipment.

Herr Akyar: Gruppenbüro „Dekorative Kosmetik"; Begründung: Als Sachbearbeiter in Vollzeit benötigt er täglich einen festen Arbeitsplatz und eine effiziente Kommunikation mit den Kolleginnen und Kollegen ist gewährleistet.

Herr Stein: Business-Center; Begründung: Da er für den Raum Süddeutschland tätig ist, das Gebiet eine unzureichende Internetversorgung ausweist und ein Arbeitsplatz in unserer Niederlassung schlecht erreichbar ist, muss eine Kooperation mit unserem Business-Center-Partner stattfinden.

Datum, erstellt von Abt. Prüfungsdatum, Verkauf	**Unterschrift** Prüfling
Verteiler Herr Pender	**Anlage** Info Arbeitsplatzauswahl

1.3

NATURAL·BEAUTY·KG

Natural Beauty KG, Lennisterweg 17, 69115 Heidelberg

DK-Großhandel
Herrn Jahne
Bismarckstraße 64
68161 Mannheim

Registergericht: Heidelberg HRA 3380
Ihr Zeichen:
Ihre Nachricht:
Unser Zeichen: Kürzel des Prüflings
Unsere Nachricht:

Name: Name des Prüflings
Telefon: 06221 3439-10
Mobil:
Telefax: 06221 3439-20
E-Mail: verkauf@natural-beauty.com
Internet: www.natural-beauty.com

Datum: Prüfungsdatum

Unser Telefongespräch vom (Prüfungstag) – Angebot „Dekorative Kosmetik"

Sehr geehrter Herr Jahne,

wir bedanken uns nochmals für die lange, gute Geschäftsbeziehung mit Ihnen und freuen uns, dass unsere neuen Kosmetikprodukte von Ihren Kunden sehr gut angenommen wurden.

Sie interessieren sich besonders für unsere Lippenstifte aus der Linie „Dekorative Kosmetik". Wir können Ihnen folgendes Angebot unterbreiten:

Bei einer Bestellung von 23.500 Stück „Sheer Lipstick, 02 rosanna, 2 g" à 16,00 EUR gewähren wir Ihnen einen Rabatt von 7 %. Die Bezugskosten betragen 3 % vom Warenwert, 2 % Skonto 10 Tage, 30 Tage rein netto.

Die Lieferung kann entweder am Freitag, 11.05.2018 nach Produktionsschluss oder am Montag, 14.05.2018 im Laufe des Vormittags versendet werden.

Unsere Prospekte legen wir bei.

Wir freuen uns auf weitere gute Geschäftsbeziehungen mit Ihnen und auf Ihre Bestellung.

Freundliche Grüße aus Heidelberg

Natural Beauty KG
i. A. Schülername

Anlagen

Bankverbindung:
Sparbank Heidelberg
IBAN DE89 3704 0044 0532 0130 00
BIC SOLADES1HEI

Steuer-Nr.: 430671722
USt-IdNr.: DE183631402
Gerichtsstand: Heidelberg
HRA 3380 Heidelberg

Komplementär:
Nico Remejn

Hausanschrift:
Natural Beauty KG
Lennisterweg 17
69115 Heidelberg

Aufgabe 2 (verändert)

2.1

Onlinebanking	Kunden	Private Banking	Ihre Sparbank	Service-Center	Stifung

Auftragsart	Überweisung
Zahlungsart	Standard ▼
Begünstigter (Name der Firma)	Klaus Mayer
IBAN	DE42 8502 0086 0022 7237 07
Betrag	4.800,00 EUR
Verwendungszweck	Kaution
Ausführung	07.05.2018 (Eingabe nur, wenn terminierte spätere Ausführung gewünscht)
Auftraggeberkonto	DE20 6504 0000 5019 1012 53

Onlinebanking	Kunden	Private Banking	Ihre Sparbank	Service-Center	Stifung

Auftragsart	Dauerauftrag
Zahlungsart	Standard ▼
Begünstigter (Name der Firma)	Klaus Mayer
IBAN	DE42 8502 0086 0022 7237 07
Betrag	1.950,00 EUR
Verwendungszweck	Miete
Ausführung	01.06.2018
Ausführungsrhythmus	monatlich
Auftraggeberkonto	DE20 6504 0000 5019 1012 53

◂ Zurück   Weiter ▸

Begründung der von Ihnen gewählten Zahlungsformen:
Um die Kaution zu begleichen bietet sich eine Überweisung an, da hier eine einmalige Zahlungsverpflichtung vorliegt.

Da die Monatsmiete eine regelmäßig wiederkehrende Zahlung in gleicher Höhe ist, eignet sich hier die Einrichtung eines Dauerauftrags.

2.2

ANMELDEFORMULAR FÜR DIE ERWACHSENENKURSE

SPORTS & DANCE GMBH
FRIEDRICHSRING 35
68161 Mannheim
0621 974358-12

Persönliche Daten	
Name	
Vorname	
Straße	
PLZ, Ort	
Telefon	
E-Mail	
Anmeldedaten	
Kurse (Zutreffendes bitte ankreuzen)	□ Hip Hop (F), Montag, 20:00 Uhr □ Street Jazz (A), Dienstag, 20:00 Uhr □ Hip Hop Ü30 (A), Mittwoch, 20:00 Uhr □ Hip Hop (F), Donnerstag, 20:00 Uhr □ Breakdance (A, F), Freitag, 17:30 Uhr □ Friday Specials (F), Freitag, 20:00 Uhr
Vertragslaufzeit (Zutreffendes bitte ankreuzen)	□ ein Monat □ sechs Monate □ ein Jahr
Ort, Datum	
Unterschrift	

Hinweis: A = Anfänger, F = Fortgeschrittene

2.3.1 Angebotsvergleich Spiegel:

Angebotsvergleich
Benötigte Anzahl
an Wandspiegeln: 30

	Lieferanten:			
	Spiegelmeisterei Schlau		Seitz Sportgeräte	
Preis pro Stück		145,00 EUR		123,50 EUR
Einkaufspreis		4.350,00 EUR		3.705,00 EUR
– Liefererrabatt	8,00 %	348,00 EUR	20,00 %	741,00 EUR
= Zieleinkaufspreis		4.002,00 EUR		2.964,00 EUR
– Liefererskonto	3,00 %	120,06 EUR	3,00 %	88,92 EUR
= Bareinkaufspreis		3.881,94 EUR		2.875,08 EUR
+ Bezugskosten	– EUR	– EUR	2,00 EUR	60,00 EUR
+ Montage	– EUR	– EUR	500,00 EUR	500,00 EUR
= Bezugspreis		**3.881,94 EUR**		**3.435,08 EUR**

Angebotsvergleich
benötigte Anzahl
an Wandspiegeln: 30

	A	B	C	D	E
5		Lieferanten:			
		Spiegelmeisterei Schlau		Seitz Sportgeräte	
6	**Preis pro Stück**		145		123,5
7	**Einkaufspreis**		=D6*$C$2		=F6*$C$2
8	**– Liefererrabatt**	0,08	=C8*D7	0,2	=E8*F7
9	**= Zieleinkaufspreis**		=D7-D8		=F7-F8
10	**– Liefererskonto**	0,03	=C10*D9	0,03	=E10*F9
11	**= Bareinkaufspreis**		=D9-D10		=F9-F10
12	**+ Bezugskosten**		=C12	2	=E12*$C$2
13	**+ Montage**		=C13	500	=E13
14	**= Bezugspreis**		=D11+D12+D13		=F11+F12+F13

2.3.2 **Handlungsanweisung**

An:	mattia.bartolini@sports-and-dance.de
Cc:	
Bcc:	
Betreff:	Falsche Bestellmenge

Lieber Mattia,

zunächst einmal ist ein Kaufvertrag zustande gekommen. Deine Bestellung über 33 Spiegel ist ein Antrag. Durch die inhaltlich übereinstimmende Auftragsbestätigung wurde dieser angenommen.

Du wolltest 30 Stück bestellen, deshalb liegt ein Irrtum in der Erklärung oder Übermittlung vor. Vergleiche §§ 119, 120 BGB.

Wir sollten jetzt anfechten.

Hierbei ist die Anfechtungsfrist zu beachten. Dies hat nach § 121 BGB unverzüglich zu geschehen.

Für die 30 Spiegel ist ein neuer Kaufvertrag abzuschließen.

Viele Grüße

Name des Prüflings

E-Mail: pruefling@sports-and-dance.de
Internet: www.sports-and-dance.de
Telefon: 0621 974357-0
Telefax: 0621 974357-25
Hausanschrift: Friedrichsring 35, 68161 Mannheim

Geschäftsführerin: Aynur Abel
Unternehmenssitz: Mannheim
USt-IdNr.: DE965821436
St.-Nr.: 964328439
Handelsregister: HRB 8402 beim Amtsgericht Mannheim

(Hinweise für die Korrektur: Wichtig ist das Erkennen der Angebotssituation, des Antrags, des Irrtums und der nachfolgenden Anfechtung unter Beachtung der Frist.)

2 Prüfungsaufgaben Winter 2018/2019

Aufgabe 1

PraliMa
Pralinenwelt

Ergebnisprotokoll	
Datum:	9. November 2018
Uhrzeit:	08:00 – 08:30 Uhr
Ort:	Konferenzraum 317
Vorsitzende:	Frau Jankuhn
Teilnehmer/-innen:	Herr Gärtner Herr Jankuhn Herr Lindner Herr Melek Frau Sander
Abwesende:	keine
Protokollführer/-in:	<Pruefling>
Tagesordnungspunkt:	Einführung einer Fair-Trade-Produktlinie

Die Einführung der neuen Fair-Trade-Produktlinie wird mit zwei Gegenstimmen beschlossen. Zur Entlastung der Abteilung Einkauf wird eine entsprechende Stelle zur Verstärkung ausgeschrieben.

Stärkstes Argument für die Einführung unserer Produktlinie ist die starke Fair-Trade-Entwicklung auf dem Schokoladenmarkt.

Verbrauch an Fair-Trade-Kakaobohnen in Deutschland in Tonnen

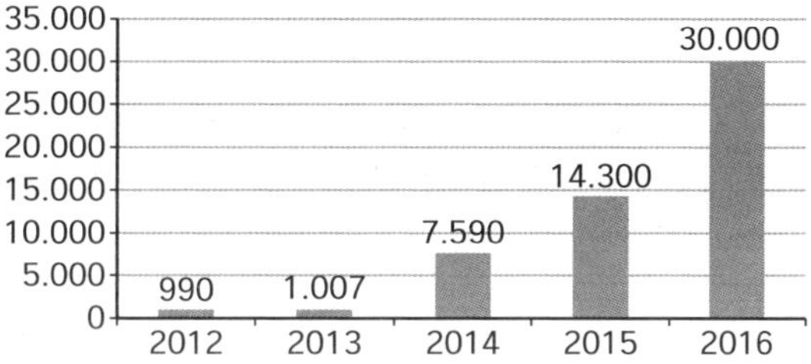

Mannheim, 2018-11-09

Angefertigt von

Für die Richtigkeit

Protokollführer/-in

Vorsitzende/-r

1.2

Lagerkarte	
Artikel	Cacao Nacional de Arriba
Jahresverbrauch in Tonnen	2.400
Lagerhaltungskostensatz	4 %
Mindestbestand in Tonnen	546
Meldebestand in Tonnen	700
Ø Tagesverbrauch in Tonnen	7,5

Stammdaten	
Lieferant	Kooperative Fortaleza del Valle in Ecuador
Artikel	Cacao Nacional de Arriba
Preis pro Tonne in Euro	1.752,19
Kosten pro Bestellung in Euro	5.000,00

Bestellhäufigkeit	Bestellmenge in Tonnen	ø Lagerbestand in Tonnen	ø Lagerbestand in Euro	Lagerhaltungskosten in Euro	Bestellkosten in Euro	Gesamtkosten in Euro
6	400,00	200,00	350.438,00	14.017,52	30.000,00	44.017,52
5	480,00	240,00	420.525,60	16.821,02	25.000,00	41.821,02
4	**600,00**	**300,00**	**525.657,00**	**21.026,28**	**20.000,00**	**41.026,28**
3	800,00	400,00	700.876,00	28.035,04	15.000,00	43.035,04
2	1.200,00	600,00	1.051.314,00	42.052,56	10.000,00	52.052,56

Ergebnis:
Ich empfehle der Abteilung Einkauf, die Fair-Trade-Kakao-Bohnen **vierteljährlich** im Umfang von 600 Tonnen zu bestellen, da bei viermaliger Bestellung pro Jahr die Gesamtkosten in Höhe von **41.026,28 EUR** am geringsten sind.

Bestell-häufigkeit	Bestellmenge in Tonnen	ø Lager-bestand in Tonnen	ø Lager-bestand in Euro	Lagerhaltungs-kosten in Euro	Bestell-kosten in Euro	Gesamtkosten in Euro
6	=$B$3/A10	=B10/2	=C10*$E$4	=D10*$B$4	=$E$5*A10	=SUMME(E10:F10)
5	=$B$3/A11	=B11/2	=C11*$E$4	=D11*$B$4	=$E$5*A11	=SUMME(E11:F11)
4	**=$B$3/A12**	**=B12/2**	**=C12*$E$4**	**=D12*$B$4**	**=$E$5*A12**	**=SUMME(E12:F12)**
3	=$B$3/A13	=B13/2	=C13*$E$4	=D13*$B$4	=$E$5*A13	=SUMME(E13:F13)
2	=$B$3/A14	=B14/2	=C14*$E$4	=D14*$B$4	=$E$5*A14	=SUMME(E14:F14)

1.3 **Erwartete Bestandteile des Infoblattes:**

Grafische Bestandteile:
- Firmenlogo
- Grafiken zu den Kursangeboten
- ansprechende Anordnung der Elemente
- Übersichtlichkeit

Inhaltliche Bestandteile:
- Anrede
- motivierende Einleitung
- Aufforderung zur kostenlosen Teilnahme
- Kursangebote
- Kurstage, Uhrzeit
- Raum
- Ablaufinformationen

Aufgabe 2

2.1

Tabelle zur Bedarfsermittlung			
Artikelnummer	**W 0123**	**W 2001**	**W 2015**
Beschreibung	Schneekugel	Weihnachtstasse	Weihnachtsengel
Mengenbezeichnung	**Stück**		
Bruttobedarf	**600**	**150**	**500**
effektiver Lagerbestand	250	45	100
abzüglich Sicherheitsbestand	50	35	60
abzüglich reservierter Menge	150	8	200
zuzüglich Menge in Bestellung	500	0	0
ergibt disponierbarer Bestand	550	2	–160
abzüglich disponierbarer Bestand	**550**	**2**	**–160**
ergibt Nettobedarf	**50**	**148**	**660**

Formelansicht:

Tabelle zur Bedarfsermittlung			
Artikelnummer	**W 0123**	**W 2001**	**W 2015**
Beschreibung	Schneekugel	Weihnachtstasse	Weihnachtsengel
Mengenbezeichnung	**Stück**		
Bruttobedarf	**600**	**150**	**500**
effektiver Lagerbestand	250	45	100
abzüglich Sicherheitsbestand	50	35	60
abzüglich reservierter Menge	150	8	200
zuzüglich Menge in Bestellung	500	0	0
ergibt disponierbarer Bestand	=B7-B8-B9+B10	=C7-C8-C9+C10	=D7-D8-D9+D10
abzüglich disponierbarer Bestand	**=B11**	**=C11**	**=D11**
ergibt Nettobedarf	**=B6-B12**	**=C6-C12**	**=D6-D12**

2.2

I LOVE-HD-STORE

In der Mittleren Gasse 12
69117 Heidelberg

I Love-HD-Store, In der Mittleren Gasse 12, 69117 Heidelberg

Gewerkschaftsjugend HD
Herrn Julian Hammer
Czernyring 18 – 22
69115 Heidelberg

Name: <Pruefling>
Telefon: 06221 289514-292
Telefax: 06221 289514-293
E-Mail: pruefling@i-love-hd.de
Internet: www.i-love-hd.de

Datum: 2018-11-09

Ihre Anfrage vom 05.11.2018

Sehr geehrter Herr Hammer,

vielen Dank für Ihre Anfrage. Gerne unterbreiten wir Ihnen für die Stadtführung am 20.12.2018, 14:00 Uhr, folgendes Angebot:

	Preis pro Person in Euro		Anzahl	Gesamtpreis in Euro	
Preis regulär Preis ermäßigt		9,00 7,00	11 16		99,00 112,00
Zwischensumme 1 abzüglich Rabatt				 5 %	211,00 10,55
Zwischensumme 2 zuzüglich USt.				 19 %	200,45 38,09
Rechnungsbetrag					238,54

Zahlbar innerhalb von 10 Tagen unter Abzug von 3 % Skonto, 30 Tage netto Kasse.

Wir freuen uns auf Ihre Zusage.

Mit freundlichen Grüßen

I Love-HD-Store

i. A. <Pruefling>

I Love-HD-Store GmbH
In der Mittleren Gasse 12
69117 Heidelberg

Geschäftsleitung: Julia Rastatter
La Moneda-Bank
IBAN DE12 5000 3333 0012 3456 78
BIC LAMODE12XXX

Tel.: +49 800 555000-11
Fax: +49 800 555000-22
E-Mail: info@i-love-hd.de
Homepage: www.i-love-hd.de

Gerichtsstand: Heidelberg HRB 71783
Steuer-Nummer: 99 999 82074
USt-IdNr.: DE293434321

2.3

		Angebot 1 Unternehmen: Glasses OHG		**Angebot 2 Unternehmen: Brillen und mehr e. K.**		**Angebot 3 Unternehmen: Okulary Ltd.**	
Auswahlkriterien	Gewichtung der Kriterien	Punkte[1]	gewichtete Punkte	Punkte[1]	gewichtete Punkte	Punkte[1]	gewichtete Punkte
Preis	40	3	120	2	80	5	200
Lieferzuverlässigkeit	35	2	70	5	175	1	35
Produktqualität	20	5	100	4	80	2	40
Kundenservice	5	4	20	4	20	3	15
Summe	**100**		**310**		**355**		**290**

Entscheidung:
Angebot 2: Brillen und mehr e. K.

[1] *Anmerkung: Je nach Gewichtung und Punktevergabe kann ein abweichendes Ergebnis rauskommen.*

Erläuterung und Beurteilung (bei vorliegender Gewichtung):
Obwohl der Lieferant „Brillen und mehr e. K." den höchten Preis verlangt und obwohl ein günstiger Preis für uns das wichtigste Kriterium dastellt wird dieser Lieferant ausgewählt. Das liegt vor allem daran, dass Anbieter 3 seinen Preisvorteil wegen der schlechten Lieferzuverlässigkeit und der Produktqualität nicht nutzen kann. Anbieter 1 kann seine überlegene Produktqualität nicht nutzen, da auch hier die Lieferzuverlässigkeit schlecht und der Preisunterschied zu Anbieter 2 zu gering ist.

Die Daten aus den Online-Bewertungsplattformen sind kritisch zu hinterfragen, da die Verlässlichkeit und der Wahrheitsgehalt der Quellen weder bekannt noch überprüfbar sind. Die Preise wurden aufgrund interner Berechnungen ermittelt und sind damit das verlässlichste Kriterium.

Formelansicht:

Auswahlkriterien	**Gewichtung der Kriterien**	**Punkte**	**gewichtete Punkte**	**Punkte**	**gewichtete Punkte**	**Punkte**	**gewichtete Punkte**
Preis	40	3	=C4*B4	2	=E4*B4	5	=G4*B4
Lieferzuverlässigkeit	35	2	=C5*B5	5	=E5*B5	3	=G5*B5
Produktqualität	20	5	=C6*B6	4	=E6*B6	2	=G6*B6
Kundenservice	5	4	=C7*B7	4	=E7*B7	3	=G7*B7
Summe	**100**		**=SUMME(D4:D7)**		**=SUMME(F4:F7)**		**=SUMME(H4:H7)**

Punkte	**Bedeutung**

Entscheidung:	Angebot 2; Brillen und mehr e. K.

3 Prüfungsaufgaben Sommer 2019

Aufgabe 1

1.1.1

Quantitativer Angebotsvergleich			
	Papier KG	RBY GmbH	Geopappe GmbH
Bestellmenge in Stück	1.000.000		
Papiertücher pro Verpackungseinheit	2.500	10.000	5.000
Anzahl Verpackungseinheiten	400	100	200
Listenpreis in Euro/Verpackungseinheit	11,00	45,00	22,90
Rabatt	0 %	3 %	8 %
Skonto	2 %	3 %	2 %
Bezugskosten in Euro	0,00	50,00	0,00

Bezugskalkulation	in Euro	in Euro	in Euro
Listeneinkaufspreis/Verpackungseinheit	4.400,00	4.500,00	4.580,00
– Liefererrabatt	0,00	135,00	366,40
= Zieleinkaufspreis	4.400,00	4.365,00	4.213,60
– Liefererskonto	88,00	130,95	84,27
= Bareinkaufspreis	4.312,00	4.234,05	4.129,33
+ Bezugskosten	0,00	50,00	0,00
= Bezugspreis	4.312,00	4.284,05	4.129,33

Formelansicht:

Quantitativer Angebotsvergleich			
	Papier KG	RBY GmbH	Geopappe GmbH
Bestellmenge in Stück	1000000		
Papiertücher pro Verpackungseinheit	2500	10000	5000
Anzahl Verpackungseinheiten	=$B$5/B6	=$B$5/C6	=$B$5/D6
Listenpreis in Euro/Verpackungseinheit	11	45	22,9
Rabatt	0	0,03	0,08
Skontoabzug	0,02	0,03	0,02
Bezugskosten in Euro	0	50	0

Bezugskalkulation	in Euro	in Euro	in Euro
Listeneinkaufspreis/Verpackungseinheit	=B8*B7	=C8*C7	=D8*D7
– Liefererrabatt	=B14*B9	=C14*C9	=D14*D9
= Zieleinkaufepreis	=B14-B15	=C14-C15	=D14-D15
– Liefererskonto	=B16*B10	=C16*C10	=D16*D10
= Bareinkaufepreis	=B16-B17	=C16-C17	=D16-D17
+ Bezugskosten	=B11	=C11	=D11
= Bezugspreis	=B18+B19	=C18+C19	=D18+D19

1.1.2

Qualitativer Angebotsvergleich							
		Geopappe GmbH		RBY GmbH		Papier KG	
Kriterium	**Gewichtung**	**Punkte**	**gewichtete Punkte**	**Punkte**	**gewichtete Punkte**	**Punkte**	**gewichtete Punkte**
Qualität	35	5	175	3	105	1	35
Umweltbewusstsein	25	1	25	4	100	5	125
Preis	15	5	75	4	60	4	60
Lieferzuverlassigkeit	15	2	30	2	30	5	75
Zusammenarbeit	10	4	40	3	30	2	20
Summe	**100**		**345**		**325**		**315**

Formelansicht:

Kriterium	Gewichtung	Punkte	gewichtete Punkte	Punkte	gewichtete Punkte	Punkte	gewichtete Punkte
Qualität	35	5	=$B5*C5	3	=$B5*E5	1	=$B5*G5
Umweltbewusstsein	25	1	=$B6*C6	4	=$B6*E6	5	=$B6*G6
Preis	15	5	=$B7*C7	4	=$B7*E7	4	=$B7*G7
Lieferzuverlässigkeit	15	2	=$B8*C8	2	=$B8*E8	5	=$B8*G8
Zusammenarbeit	10	4	=$B9*C9	3	=$B9*E9	2	=$B9*G9
Summe	**100**		=SUMME(D5:D9)		=SUMME(F5:F9)		=SUMME(H5:H9)

Von:	Pruefling <pruefling@tidytec.de>
An:	Anton Brugger <brugger.anton@tidytec.de>
Cc:	
Datum:	*Prüfungsdatum*
Betreff:	Lieferantenentscheidung

Sehr geehrter Herr Brugger,

die Informationen habe ich ausgewertet und komme zu folgendem Ergebnis:

Der bisherige Lieferant Geopappe GmbH

- zeichnet sich im Vergleich zu den anderen Lieferanten durch beste Qualität aus
- und bietet uns den günstigsten Bezugspreis.

Deshalb schlage ich vor, trotz der aktuell bestehenden Schwierigkeiten mit dem Lieferanten in Bezug auf Umweltmanagement und Liefertreue, an der bestehenden Geschäftsbeziehung festzuhalten.

Mit freundlichen Grüßen

Schülername
Abteilung Einkauf

1.2

Lageranalyse zum Artikel Handseife

Monat	Lagerzugang zum 1. des Monats	Lagerabgang	Fehlmenge	Lagerendbestand zum Monatsende	Arbeitstage	ø Tagesbedarf
November	100	92	0	8	21	4,38
Dezember	120	128	30	0	17	9,29
Januar	120	120	5	0	22	5,68
Februar	130	112	0	18	20	5,60
März	100	118	36	0	21	7,33
April	130	85	0	45	20	4,25
Gesamtwerte	700	655	71	71	121	6,00

Auszug aus der Debitorenkarte	
Lieferant:	Hygienekönig GmbH
Lieferzeit in Tagen:	4
Max. Lieferverzug in Tagen:	2

Analyse

- Fehlmengen
- unterschiedlicher Tagesbedarf
- Lagerbestand zum Monatsende variiert

Vorteile des Bestellpunktverfahrens gegenüber aktueller Situation:

Die Einführung des Meldebestands verhindert einen unnötig hohen Lagerbestand, somit werden Lagerkosten reduziert.

Die Einführung des Sicherheitsbestands/Mindestbestands vermeidet das Entstehen von Fehlmengen.

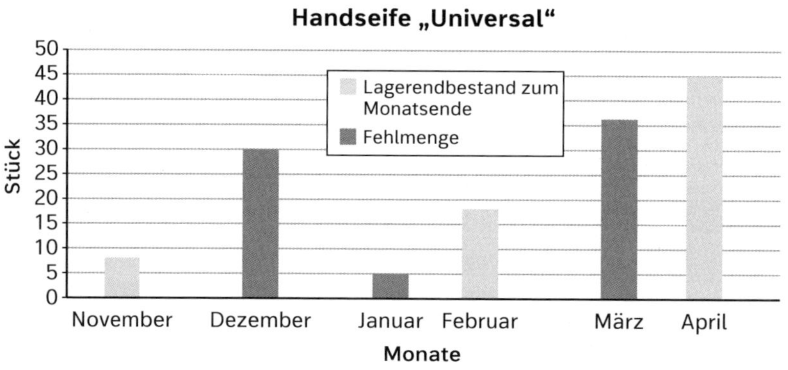

Formelansicht:

Monat	Lagerzugang zum 1. des Monats	Lagerabgang	Fehlmenge	Lagerend-bestand zum Monatsende	Arbeitstage	ø Tages-bedarf
November	100	92	=WENN(E4>=0;0;E4)	=B4-C4	21	=(C4+D4)/F4
Dezember	120	128	30	=E4+B5-C5	17	=(C5+D5)/F5
Januar	120	120	5	=E5+B6-C6	22	=(C6+D6)/F6
Februar	130	112	=WENN(E7>=0;0;E7)	=E6+B7-C7	20	=(C7+D7)/F7
März	100	118	36	=E7+B8-C8	21	=(C8+D8)/F8
April	130	85	=WENN(E9>=0;0;E9)	=E8+B9-C9	20	=(C9+D9)/F9
Gesamtwerte	=SUMME(B4:B9)	=SUMME(C4:C9)	=SUMME(D4:D9)	=SUMME(E4:E9)	=SUMME(F4:F9)	=(C10+D10)/F10

Aufgabe 2

2.1

Backfein GmbH

Backfein GmbH, Hegauring 104, 78464 Konstanz

Herrn
Peter Schön
Möbelhaus Schön GmbH
Seestraße 11
78462 Konstanz

Ihr Zeichen:	
Ihre Nachricht vom:	
Unser Zeichen:	*Schülerkürzel*
Unsere Nachricht vom:	30.04.2019
Name:	*Schülername*
Telefon:	07531 309-07
Telefax:	07531 309-10
E-Mail:	info@backfein.de
Datum:	*Prüfungsdatum*

Angebot 210221

Sehr geehrter Herr Schön,

vielen Dank für Ihre Anfrage. Wir bieten Ihnen wie folgt an:

Artikel-Nr.	Artikel	Menge	Preis/Stück	Gesamt
2582	Weihnachtskuchen Zimt	25	9,95 EUR	248,75 EUR
2583	Weihnachtskuchen Schoko	50	9,95 EUR	497,50 EUR
	Netto-Rechnungsbetrag			746,25 EUR

Liefer- und Zahlungsbedingungen:

- Lieferung frei Haus fix am 19.12.2019
- 10 % Rabatt
- 3 % Skonto innerhalb 10 Tagen, 30 Tage Ziel

Wir freuen uns auf Ihren Auftrag!

Mit freundlichen Grüßen

Backfein GmbH

Schülername

Backfein GmbH
Hegauring 104
78464 Konstanz

Tel.: 07531 309-0
Fax: 07531 309-10
E-Mail: info@backfein.de
Web: www.backfein.de

Geschäftsführer: Manfred Glöckner
Sitz des Unternehmens: Konstanz
Amtsgericht: Konstanz HRB 303087
USt-IdNr.: DE301020183

2.2

Backfein GmbH

Bestellformular Weihnachtskuchen-to-go

Bestellungen werden bis zum 20. Dezember 2019 angenommen.

Name:	Straße:
PLZ:	Ort:
Telefon:	Mobil:

Artikel-Nr.	Artikel	Inhalt	Menge	Verkaufspreis/ Stück
2581	Vanille	250 g		11,72 EUR
2591	Vanille	500 g		16,00 EUR
2582	Zimt, glutenfrei	250 g		10,65 EUR
2592	Zimt, glutenfrei	500 g		14,93 EUR
2583	Schoko	250 g		10,65 EUR
2593	Schoko	500 g		14,93 EUR

Abholtermin:	

Datum:	**Unterschrift:**

Backfein GmbH
Hegauring 104
78464 Konstanz

Tel.: 07531 309-0
Fax: 07531 309-10
E-Mail: info@backfein.de
Web: www.backfein.de

Geschäftsführer: Manfred Glöckner
Sitz des Unternehmens: Konstanz
Amtsgericht: Konstanz HRB 303087
USt-IdNr.: DE301020183

2.3

Von:	pruefling@backfein.de
An:	manfred.gloeckner@backfein.de
Cc:	
Datum:	Prüfungsdatum
Betreff:	Geprüfte Änderungsvorschläge AGB

Sehr geehrter Herr Glöckner,

ich habe die Änderungswünsche unserer Kolleginnen und Kollegen überprüft und bin zu folgendem Ergebnis gekommen:

- Nachträgliche Preisänderungen: ungültig nach § 309 Abs. 1 BGB. Wir dürfen die Preise für unsere Waren oder Leistungen innerhalb von vier Monaten nach Vertragsabschluss nicht erhöhen.
- Nacherfüllung in Abhängigkeit von vorheriger Zahlung: ungültig nach § 309 Nr. 8 Buchst. b, dd BGB. Die Backfein GmbH darf die Nacherfüllung nicht von einer vorherigen und vollständigen Zahlung der Ware abhängig machen. Wir müssen immer nacherfüllen, wenn ein Mangel vorliegt.
- Änderungsvorbehalt: ungültig nach § 308 Abs. 4 BGB. Wir dürfen die im Kaufvertrag bestellte Ware nicht einfach ändern oder von ihr abweichen, höchstens, wenn dies für den Käufer zumutbar ist. Wenn der Kunde jedoch glutenfreien Kuchen möchte, ist es nicht zumutbar, ihm einen Kuchen mit Gluten zu verkaufen.

Abschließend kann festgestellt werden, dass diese Änderungswünsche nicht in die AGB aufgenommen werden dürfen.

Freundliche Grüße

Schülername
Abteilung Verkauf

4 Prüfungsaufgaben Winter 2019/2020

Aufgabe 1

1.1

An:	andreas.mueller@kitchen-care.de
Cc:	
Bcc:	
Betreff:	Terminvorschlag

Sehr geehrter Herr Müller,

ich habe die Termine geprüft und schlage Mittwoch, 13.11.2019, von 08:00 Uhr bis 10:00 Uhr vor.

Ihre Besprechung mit Frau Schmidt verschiebt sich dann auf 10:00 Uhr bis 12:00 Uhr.

Alle anderen Termine liegen entweder außer Haus, sind aus unternehmerischer Sicht wichtig oder sind wegen Folgeterminen nicht ohne Weiteres verlegbar, z. B. die Bewerbergespräche und die Vorbereitungstermine für die Wirtschaftsprüfung.

Freundliche Grüße

i. A. Schülername

Anhang:	

1.2.1 Vergleichsrechnung Eigen-/Fremdlager

Eigenlagerung		Fremdlagerung	
Fixkosten in Euro	3.000,00	Preis pro m² in Euro	19,00
Verwaltung (Kosten in Euro/m²)	13,00		

	Eigenlagerung			Fremd-lagerung	Vergleich
Fläche in m²	Fixkosten in Euro	Verwaltungs-kosten in Euro	Gesamtkosten Eigenlager in Euro	Gesamtkosten Fremdlager in Euro	Kostenvorteil Eigenlagerung in Euro
0	3.000,00	0,00	3.000,00	0,00	–3.000,00
100	3.000,00	1.300,00	4.300,00	1.900,00	–2.400,00
200	3.000,00	2.600,00	5.600,00	3.800,00	–1.800,00
300	3.000,00	3.900,00	6.900,00	5.700,00	–1.200,00
400	3.000,00	5.200,00	8.200,00	7.600,00	–600,00
500	3.000,00	6.500,00	9.500,00	9.500,00	0,00
600	3.000,00	7.800,00	10.800,00	11.400,00	600,00
700	3.000,00	9.100,00	12.100,00	13.300,00	1.200,00
grau unterlegter Bereich ist nicht erforderlich (Flächen 0 bis 300 m²)					

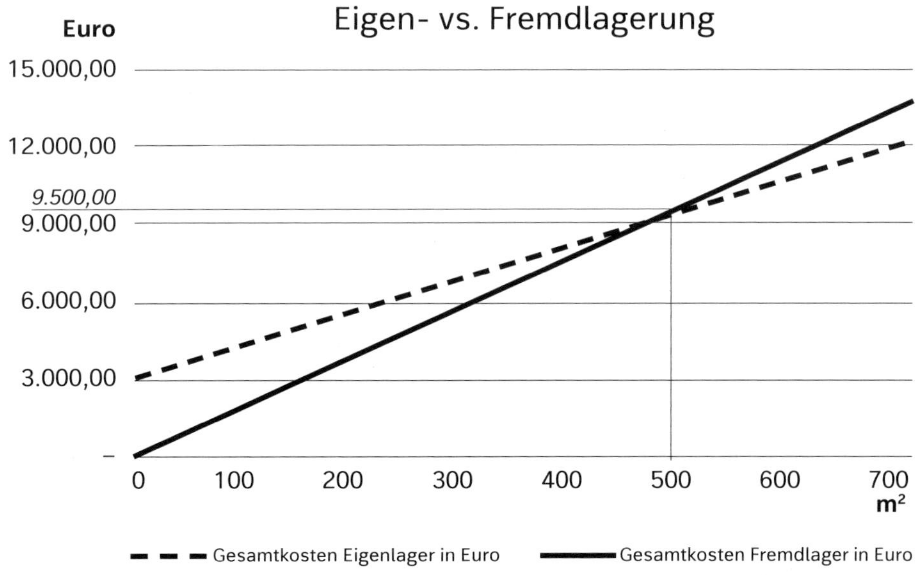

Formeln:

Vergleichsrechnung Eigen-/Fremdlager

Eigenlagerung		Fremdlagerung	
Fixkosten in Euro	3000	Preis pro m² in Euro	19
Verwaltung (Kosten in Euro/m²)	13		

	Eigenlagerung			Fremd-lagerung	Vergleich
Fläche in m²	**Fixkosten in Euro**	**Verwaltungs-kosten in Euro**	**Gesamtkosten Eigenlager in Euro**	**Gesamtkosten Fremdlager in Euro**	**Kostenvorteil Eigenlagerung in Euro**
0	=$C$6	=A11*$C$7	=B11+C11	=A11*$F$6	=E11-D11
100	=$C$6	=A12*$C$7	=B12+C12	=A12*$F$6	=E12-D12
200	=$C$6	=A13*$C$7	=B13+C13	=A13*$F$6	=E13-D13
300	=$C$6	=A14*$C$7	=B14+C14	=A14*$F$6	=E14-D14
400	=$C$6	=A15*$C$7	=B15+C15	=A15*$F$6	=E15-D15
500	=$C$6	=A16*$C$7	=B16+C16	=A16*$F$6	=E16-D16
600	=$C$6	=A17*$C$7	=B17+C17	=A17*$F$6	=E17-D17
700	=$C$6	=A18*$C$7	=B18+C18	=A18*$F$6	=E18-D18
grau unterlegter Bereich ist nicht erforderlich (Flächen 0 bis 300 m²)					

1.2.2

Kitchen Care GmbH

ÜBERSCHRIFT/TITEL

Kostenvergleich – Eigenlager/Fremdlager:

- Bei einer zusätzlichen Lagerfläche von 500 m^2 besteht Kostengleichheit.
- Bei einer kleineren Fläche ist das Fremdlager, bei einer größeren Fläche das Eigenlager kostengünstiger.

Analyse der Lagerdaten der letzten drei Jahre:

- Die Umschlagshäufigkeit unseres Lagers war im Vergleich zum Branchendurchschnitt durchgehend schlechter (niedriger).
- Der Unterschied zum Branchendurchschnitt hat sich immer mehr vergrößert und wird in Q4 2019 mit einem Unterschied von 1,5 so groß wie nie zuvor sein.
- Auffallend ist, dass die Umschlagshäufigkeit in Q4 eines jeden Jahres den schlechtesten (niedrigsten) Wert des Jahres und den größten Unterschied zur Branche zeigte. Gleichzeitig war das Lager in Q4 immer am stärksten ausgelastet.
- Wir haben die Lagerfläche zweimal vergrößert. In Q1 2018 um 400 m^2 und noch einmal in Q1 2019 um 200 m^2, insgesamt um 600 m^2.
- Die Mindestbelegung hat sich seither mehr als verdoppelt von 223 m^2 in Q1 2017 auf 556 m^2 in Q4 2019.
- Die durchschnittliche Belegung des Lagers stieg von 1.155 m^2 in Q1 2017 auf 1.715 m^2 in Q4 2019.

Handlungsempfehlung:

- Die stetige Verschlechterung der Umschlagshäufigkeit, vor allem im Vergleich zum Branchendurchschnitt, und die gleichzeitig stetig gestiegene Belegung des Lagers lassen den Schluss zu, dass unsere Lagerfläche nicht optimal genutzt wird.
- Bevor also über eine Vergrößerung der Lagerfläche im Zusammenhang mit der geplanten Sortimentserweiterung nachgedacht bzw. entschieden wird, sollte versucht werden, die notwendige Lagerfläche durch eine optimierte Lagerhaltung (oder eine modifizierte Bestellpolitik) im bestehenden Lager zu schaffen.
- In der Übergangsphase der Optimierung sollte daher, wenn nötig, kurzfristig ein Fremdlager in Anspruch genommen werden.

Aufgabe 2

2.1.1

Menge	**12 St.**

	Brünner Office	Habu Spirit	TOP Rio Support
Stückpreis	378,00 EUR	406,00 EUR	473,00 EUR
Rabatt	0 %	5 %	12 %
Skonto	2 %	3 %	3 %
Bezugskosten	100,00 EUR	0,00 EUR	0,00 EUR

	Brünner Office	Habu Spirit	TOP Rio Support
Listeneinkaufspreis	4.536,00 EUR	4.872,00 EUR	5.676,00 EUR
– Rabatt	0,00 EUR	243,60 EUR	681,12 EUR
= Zieleinkaufspreis	4.536,00 EUR	4.628,40 EUR	4.994,88 EUR
– Skonto	90,72 EUR	138,85 EUR	149,85 EUR
= Bareinkaufspreis	4.445,28 EUR	4.489,55 EUR	4.845,03 EUR
+ Bezugskosten	100,00 EUR	0,00 EUR	0,00 EUR
= Bezugspreis	4.545,28 EUR	4.489,55 EUR	4.845,03 EUR

Formeln:

Menge	**12**

	Brünner Office	Habu Spirit	TOP Rio Support
Stückpreis	378	406	473
Rabatt	0	0,05	0,12
Skonto	0,02	0,03	0,03
Bezugskosten	100	=WENN(B3>=10;0;100)	0

	Brünner Office	Habu Spirit	TOP Rio Support
Listeneinkaufspreis	=B5	=C5	=D5
– Rabatt	=B6*$B$3	=C6*$B$3	=D6*$B$3
= Zieleinkaufspreis	=B12*B7	=C12*C7	=D12*D7
– Skonto	=B14*B8	=C14*C8	=D14*D8
= Bareinkaufspreis	=B14-B15	=C14-C15	=D14-D15
+ Bezugskosten	=B9	=C9	=D9
= Bezugspreis	=B16+B17	=C16+C17	=D16+D17

2.1.2 Ein Kaufvertrag kommt zustande, wenn dafür zwei inhaltlich übereinstimmende Willenserklärungen vorliegen.

Es handelt sich hierbei um ein unverbindliches Angebot der Firma Habu GmbH (**Anlage 5**).

Somit stellt die Bestellung der CaroConsulting GmbH (**Anlage 6**) die erste Willenserklärung (Antrag) dar, die zweite Willenserklärung (Annahme) fehlt. Diese kann in Form einer Auftragsbestätigung oder einer alsbaldigen Lieferung durch die Habu GmbH erfolgen.

2.1.3

CaroConsulting GmbH

CaroConsulting – Postfach 39 39 17 – 70178 Stuttgart

Habu GmbH
Herrn Heinrich Starke
Uhlandstraße 67 b
71229 Leonberg

Ihr Zeichen:	ha-st
Ihre Nachricht vom:	2019-11-05
Unser Zeichen:	cc-bo
Unsere Nachricht vom:	2019-11-08
Name:	Schülername
Telefon:	0711 99123-45
Telefax:	0711 99123-20
E-Mail:	info@caroconsulting.com
Datum:	2019-11-18

Reklamation Bürostühle

Sehr geehrter Herr Starke,

vielen Dank für Ihre rasche Lieferung. Bei der unverzüglich durchgeführten Warenprüfung haben wir folgende Mängel festgestellt:

4 Bürostühle, Habu Spirit 4711 Plus (schwarz), Bestellnummer 10747400, lassen sich nicht in der Höhe verstellen und sind somit unbrauchbar.

Bitte veranlassen Sie die Reparatur dieser 4 Bürostühle bis spätestens 25. November 2019.

Mit freundlichen Grüßen

CaroConsulting GmbH

i. A. Schülername

2.1.4

Anlage Nr.	Art des Schriftstücks	Aufbewahrungsfrist	Beginn	Ende
3	Angebot TOP Büromöbel	nicht nötig oder „0" oder „leer" oder „nein" usw.	–	–
4	Angebot Brünner AG	nicht nötig oder „0" oder „leer" oder „nein" usw.	–	–
5	Angebot Habu GmbH	sechs Jahre	~~05.11.2019~~ 01.01.2020	31.12.2025
6	Bestellung bei Habu GmbH	sechs Jahre	01.01.2020	31.12.2025

2.2

CaroConsulting GmbH

Ort, Datum

Liebe Kolleginnen und Kollegen,

wir wollen alle gesund bleiben. Unser persönliches und betriebliches Wohlbefinden liegt auch der Geschäftsleitung am Herzen. Um auch in Zukunft Rückenschmerzen, Nackenschmerzen und Verspannungen zu vermeiden, haben wir einige Tipps für Sie zusammengestellt.

Machen Sie mit!

Sechs Tipps für Ihre Gesundheit am Büroarbeitsplatz

- Sitzen Sie gerade vor dem Bildschirm. Ständiges Drehen des Kopfes führt zu Verspannungen.
- Achten Sie auf eine ergonomische Körperhaltung. Verändern Sie immer wieder Ihre Sitzhaltung (dynamisches Sitzen).
- Stellen Sie die richtige Stuhlhöhe ein. Die Oberarme hängen locker neben dem Körper und sollten mit den Unterarmen einen rechten Winkel bilden.
- Achten Sie auf den richtigen Sehabstand zum Bildschirm (mindestens 50 cm). Der Blick zum Bildschirm sollte leicht nach unten gerichtet sein.
- Gönnen Sie auch Ihren Augen Pausen. Lassen Sie den Blick regelmäßig in die Ferne schweifen.
- Bleiben Sie in Bewegung. Wer viel sitzt, sollte jede Gelegenheit zur Bewegung nutzen: Briefe lassen sich im Stehen öffnen, auch bei einem Telefonat muss man nicht zwangsläufig sitzen.

5 Prüfungsaufgaben Sommer 2020

Aufgabe 1

1.1 **Gestaltung**

- Wichtige Leitwörter fehlen: z. B. Bestellmenge, Bestelldatum
- Die Leitwörter müssen einheitlich, mit oder ohne Doppelpunkt formatiert werden.
- Die Überschrift ist nicht eindeutig. Es handelt sich um eine Bedarfsmeldung.
- der Abstand zwischen Text und Rahmenlinie muss gleichmäßig gestaltet sein.
- Die Leitwörter stehen nicht erkennbar in der oberen linken Ecke.
- Es ist nicht genug Zeilenhöhe für alle Zellen vorhanden, außer für die Zelle „bestellt von", hier haben wir zu viel Schreibfläche. Zu wenig Zeilenhöhe sorgt dafür, dass man in Offline-Formularen unleserlich schreibt.

Anwendbarkeit

- Der Ablauf stimmt nicht. Dies bremst sowohl beim Ausfüllen als auch beim Auswerten des Formulars. Es sollten zuerst alle Informationen zum Artikel, danach Informationen zum Kundenauftrag und schließlich Informationen zum Melder abgefragt werden.
- Das Formular ist unübersichtlich. Mit Zwischenüberschriften kann das Formular gegliedert werden.
- Fehlende Leitwörter führen zu falschen oder unvollständigen Informationen. Das führt zu zeitaufwendigen Nachfragen und u. U. zu Falschbestellungen.

1.2

Optimale Bestellmenge					
Materialnummer:	BL 337403				
Einstandspreis in Euro/Stück:	489,00				
Lagerhaltungskostensatz in %:	7%				
Beschaffungskosten in Euro/ Bestellung:	450	in Euro			
Jahresbedarf in Stück:	10.000				
Bestellmenge in Stück	**Anzahl der Bestellungen**	**Beschaffungskosten**	**Wert des durchschnittlichen Lagerbestands**	**Lagerhaltungskosten**	**Gesamtkosten**
1.667	6	2.700,00	407.500,00	28.525,00	31.225,00
833	12	5.400,00	203.750,00	14.262,50	19.662,50
500	20	9.000,00	122.250,00	8.557,50	17.557,50
278	36	16.200,00	67.916,67	4.754,17	20.954,17
192	52	23.400,00	47.019,23	3.291,35	26.691,35
83	120	54.000,00	20.375,00	1.426,25	55.426,25

Kurzmitteilung an Frau Linn:

Bei einer Bestellmenge von 500 Stück bei 20 Bestellungen/Jahr ist die Summe der Beschaffungs- und Lagerhaltungskosten am niedrigsten.
Bei kleineren Bestellmengen sind die Beschaffungskosten höher, bei größeren Bestellmengen schlagen die Lagerhaltungskosten zu stark zu Buche.
Da unsere maximale Lagerkapazität auf 300 Stück beschränkt ist, können wir die optimale Bestellmenge nicht bestellen.
Entweder wird der Lagerplatz erweitert oder man bestellt, unter Berücksichtigung des Restbestandes, maximal 300 Stück, um annähernd an die optimale Bestellmenge heranzukommen.

1.3 LinnLeather e. K., Postfach 14 12, 71609 Ludwigsburg

Backert Lederfabrik GmbH
Herrn Thomas Wulf
Industriestraße 128 – 132
70565 Stuttgart

Ihr Zeichen:
Ihre Nachricht vom:
Unser Zeichen: (eigenes Zeichen)
Unsere Nachricht vom:

Name: Schülername
Telefon: 07141 31314-0
Telefax: 07141 31314-12
E-Mail: info@linnleather.de

Datum: 2020-05-06

Anfrage nach Büffellederhaut

Sehr geehrter Herr Wulf,

auf der Fachmesse für Lederwaren und Accessoires im Februar 2020 sind wir auf Ihr Unternehmen aufmerksam geworden. Wir sind ein Hersteller für trendige Lederartikel, die zu großen Anteilen aus Büffelleder produziert werden.

Insbesondere benötigen wir Büffelleder in der Farbe dunkelbraun und glänzend. Das Leder sollte eine natürliche Struktur und einen 2-Ton-Effekt aufweisen. Wir verarbeiten Häute zwischen 4,8 und 5,2 m^2 und einer Dicke zwischen 0,8 und 1,0 mm. Unser Jahresbedarf beträgt 10.000 Stück.

Teilen Sie uns bitte Ihre Liefer- und Zahlungsbedingungen mit. Wir benötigen eine Probelieferung über 50 Stück zum 1. Juni 2020. Bitte senden Sie uns auch einen Katalog und Ihre Musterkarte mit Preisliste zu.

Dürfen wir mit Ihrem Angebot bis zum 13. Mai 2020 rechnen?

Sollte uns Ihr Angebot zusagen, freuen wir uns auf eine langfristige Zusammenarbeit.

Mit freundlichen Grüßen

LinnLeather e. K.

i. A. Schülername

1.4

Tagesablauf

Donnerstag 7. Mai 2020

Zeit	Aufgabe	Begründung
08:00–08:30 Uhr	Telefonat Halfner	Herr Halfner: nur bis 11:00 Uhr erreichbar
08:30–09:00 Uhr	Telefonat wg. Techniker	Kundendienst ab 08:30 Uhr erreichbar, früh anrufen, weil Maschine gebraucht wird
09:00–09:30 Uhr	Erstellen der PowerPoint-Präsentation	Abgabefrist 1/2 Stunde vor Teamsitzung
09:30–10:00 Uhr		
10:00–10:30 Uhr	Telefonat wg. Tischreservierung	Vor 10:00 Uhr: niemand im Restaurant Später: keine freien Tische mehr
10:30–11:00 Uhr	Teamsitzung: Protokoll führen	festgelegter Termin
11:00–11:30 Uhr	Puffer	
11:30–12:00 Uhr	Angebot Kleinschmidt	
12:00–12:30 Uhr	Mittagspause	
12:30–13:00 Uhr		
13:00–13:30 Uhr	Angebot Großmann	
13:30–14:00 Uhr		
14:00–14:30 Uhr	Rechnungen Scheidereibedarf Lempe, Leder Company bezahlen	
14:30–15:00 Uhr	Protokoll erstellen	
15:00–15:30 Uhr		
15:30–16:00 Uhr	Telefonate Treiber und Paulus	
16:00–16:30 Uhr	Planung nächster Tag	
16:30–17:00 Uhr	Ablage	

Aufgabe 2

2.1

BeMobile GmbH

„Ihr E-Bike-Spezialist!“

BeMobile GmbH ❍ Am Hang 12 a ❍ 70188 Stuttgart

Spezial Bikes GmbH
Frau Karin Renner
Roter Ring 70
20095 Hamburg

Ihr Zeichen:
Ihre Nachricht vom: 2020-05-04
Unser Zeichen: Kurzzeichen Prüfling
Unsere Nachricht vom: 2020-04-13

Name: Prüfling
Telefon: 0711 86790-21
Telefax: 0711 86790-12
E-Mail: info@bemobile.de

Datum: Prüfungsdatum

Mängelanzeige, Bestellnummer: 0815/141

Sehr geehrte Frau Renner,

vielen Dank für die Lieferung der bestellten Waren vom 13.04.2020.

Im Rahmen der durchgeführten Warenprüfung stellten wir folgende Mängel fest:

Zu Pos.	Artikelbezeichnung	Beschreibung des Mangels
1	TREKY Herren E-Mountainbike, grau	Kratzer im Rahmen
2	PORTAL Damen E-Mountainbike, grün	1 Akku lässt sich nicht laden
4	E-Bikes Scheibenbremsbeläge, HS12/13	2 Stück fehlen
5	Meise MTB 35, Schlauch, 28“	Montageanleitung fehlt

Bitte beheben Sie die aufgeführten Mängel bis zum **20.05.2020**.

Mit freundlichen Grüßen

BeMobile GmbH

i. A. Prüfling

BeMobile GmbH
Am Hang 12 a
70188 Stuttgart

Amtsgericht Stuttgart
HRB: 7599
USt-IdNr.: DE5784

IBAN: DE18 6045 0060 1000 9963 64
S-Bank Stuttgart

Geschäftsführer:
Andres Schneider
Carola Mening

Telefon: 0711 86790-0
Telefax: 0711 86790-12
E-Mail: info@bemobile.de
Homepage: www.bemobile.de

2.2

Checkliste Lieferverzug

LEITFADEN

☐		Ist die Lieferung/Leistung fällig?
☐		Ist eine Mahnung entbehrlich? Grund:
		☐ Ist der Liefertermin kalendermäßig nicht bestimmbar?
		☐ Liegt ein Zweckkauf vor?
		☐ Hat der Lieferant uns mitgeteilt, dass er nicht liefern kann?
		☐ besondere Gründe
☐		Hat der Lieferant den Lieferverzug selbst verschuldet/zu vertreten.

Ergebnis/Entscheidung:	
☐ Lieferverzug liegt vor.	☐ Lieferverzug liegt nicht vor.
Bemerkungen:	
Datum:	
Unterschrift:	

2.3

Lieferanten der BeMobile GmbH

Einkaufsvolumengrenze in %	80

Lieferanten-Nr.	Lieferanten	Einkaufsvolumen in Euro	Anteil in Prozent	Kumuliertes Einkaufsvolumen in Prozent	Einladen: Ja oder Nein?
3	Dürer	95.476,00	13,56	13,56	Ja
14	Klee	85.768,00	12,19	25,75	Ja
11	Klingel	79.364,00	11,28	37,03	Ja
4	ITC	75.322,00	10,70	47,73	Ja
12	Baumann	68.300,00	9,70	57,43	Ja
5	SOUNDi	65.388,00	9,29	66,72	Ja
7	Krämer	61.333,00	8,71	75,44	Ja
2	Wachter	53.217,00	7,56	83,00	Nein
1	Findern	48.300,00	6,86	89,86	Nein
8	Behn	18.432,00	2,62	92,48	Nein
9	Ginop	14.257,00	2,03	94,50	Nein
10	Wehrmeier	11.215,00	1,59	96,10	Nein
6	Bauer	9.248,00	1,31	97,41	Nein
16	Frank	7.352,00	1,04	98,46	Nein
13	Metzger	5.478,00	0,78	99,23	Nein
17	Epple	4.380,00	0,62	99,86	Nein
15	Widmann	1.011,00	0,14	100,00	Nein
	Summe	703.841,00			

Formeln:

Lieferanten der BeMobile GmbH

Einkaufsvolumengrenze in %	80

Lieferanten-Nr.	Lieferanten	Einkaufsvolumen in Euro	Anteil in Prozent	Kumuliertes Einkaufsvolumen in Prozent	Einladen: Ja oder Nein?
3	Dürer	95476	=D6*100/$D$23	=SUMME(E$6:E6)	=WENN(F6<=$D$3;"Ja";"Nein")
14	Klee	85768	=D7*100/$D$23	=SUMME(E$6:E7)	=WENN(F7<=$D$3;"Ja";"Nein")
11	Klingel	79364	=D8*100/$D$23	=SUMME(E$6:E8)	=WENN(F8<=$D$3;"Ja";"Nein")
4	ITC	75322	=D9*100/$D$23	=SUMME(E$6:E9)	=WENN(F9<=$D$3;"Ja";"Nein")
12	Baumann	68300	=D10*100/$D$23	=SUMME(E$6:E10)	=WENN(F10<=$D$3;"Ja";"Nein")
5	SOUNDi	65388	=D11*100/$D$23	=SUMME(E$6:E11)	=WENN(F11<=$D$3;"Ja";"Nein")
7	Krämer	61333	=D12*100/$D$23	=SUMME(E$6:E12)	=WENN(F12<=$D$3;"Ja";"Nein")
2	Wachter	53217	=D13*100/$D$23	=SUMME(E$6:E13)	=WENN(F13<=$D$3;"Ja";"Nein")
1	Findern	48300	=D14*100/$D$23	=SUMME(E$6:E14)	=WENN(F14<=$D$3;"Ja";"Nein")
8	Behn	18432	=D15*100/$D$23	=SUMME(E$6:E15)	=WENN(F15<=$D$3;"Ja";"Nein")
9	Ginop	14257	=D16*100/$D$23	=SUMME(E$6:E16)	=WENN(F16<=$D$3;"Ja";"Nein")
10	Wehrmeier	11215	=D17*100/$D$23	=SUMME(E$6:E17)	=WENN(F17<=$D$3;"Ja";"Nein")
6	Bauer	9248	=D18*100/$D$23	=SUMME(E$6:E18)	=WENN(F18<=$D$3;"Ja";"Nein")
16	Frank	7352	=D19*100/$D$23	=SUMME(E$6:E19)	=WENN(F19<=$D$3;"Ja";"Nein")
13	Metzger	5478	=D20*100/$D$23	=SUMME(E$6:E20)	=WENN(F20<=$D$3;"Ja";"Nein")
17	Epple	4380	=D21*100/$D$23	=SUMME(E$6:E21)	=WENN(F21<=$D$3;"Ja";"Nein")
15	Widmann	1011	=D22*100/$D$23	=SUMME(E$6:E22)	=WENN(F22<=$D$3;"Ja";"Nein")
	Summe	=SUMME(D6:D22)			

2.4

Anlagen	Schriftstück	Wertigkeit	Aufbewahrungs-frist	Enddatum der Aufbewahrungsfrist
Anlage 10	Angebot 23.12.2019	Gesetzeswert (Handelsbrief)	6 Jahre	31.12.2025
Anlage 11	Kontoauszug 24.12.2019	Gesetzeswert (Buchungsbeleg)	10 Jahre	31.12.2029
Anlage 12	Rechnung 09.07.2018	Gesetzeswert (Buchungsbeleg)	10 Jahre	31.12.2028
Anlage 13	Not. Kaufvertrag 01.04.2020	Dauerwert	unbefristet	unbefristet
Anlage 8	Lieferschein 04.05.2020	Gesetzeswert (Handelsbrief)	6 Jahre	31.12.2026
(aus 2.1)	Mängelrüge 06.05.2020	Gesetzeswert (Handelsbrief)	6 Jahre	31.12.2026

6 Prüfungsaufgaben Winter 2020/2021

Aufgabe 1

1.1 **Eisenhower-Prinzip**

Wichtigkeit

B • mit der Marketing-Leiterin einen neuen Termin verein-baren • Abteilungssitzung vorberei-ten	**A** Beschaffung von 3 Arbeits-platz-Druckern
D Unternehmenszeitschrift lesen	**C** • Flugtickets an das Reisebüro delegieren • Praktikantenbetreuung an Herrn Schulz delegieren

Dringlichkeit

Begründung

A	Die Beschaffung der drei Arbeitsplatz-Drucker ist wichtig und dringend und muss sofort erledigt werden.
B	Die Aufgaben „Termin-Abstimmung mit der Marketing-Leiterin“ und „Vorbereitung der Abteilungssitzung“ sind wichtig, aber nicht dringend, und können später eingeplant wer-den.
C	Die Aufgaben „Flugticket besorgen“ und „Praktikantenbetreuung“ sind dringende Aufgaben, die delegiert werden können. Es handelt sich um typische C-Aufgaben.
D	Die Aufgabe „Unternehmenszeitschrift lesen“ ist nicht wichtig und nicht dringend, und kann ignoriert werden.

1.2.1

Artikel	IP 793 Color		Xenong First 20		Yrox-Pro 20	
Bestellmenge	1 Stück		1 Stück		1 Stück	
Listeneinkaufspreis/Einheit		8.790,00 EUR		9.600,00 EUR		9.200,00 EUR
– Lieferantenrabatt	3 %	263,70 EUR	10 %	960,00 EUR	9 %	828,00 EUR
= Zieleinkaufspreis		8.526,30 EUR		8.640,00 EUR		8.372,00 EUR
– Lieferantenskonto	2 %	170,53 EUR	2 %	172,80 EUR	2 %	167,44 EUR
= Bareinkaufspreis		8.355,77 EUR		8.467,20 EUR		8.204,56 EUR
+ Versandkosten	150,00 EUR	150,00 EUR		0,00 EUR	1,5 %	138,00 EUR
= Bezugspreis gesamt		8.505,77 EUR		8.467,20 EUR		8.342,56 EUR

Artikel	IP 793 Color		Xenong First 20		Yrox-Pro 20	
Bestellmenge	1 Stück		1 Stück		1 Stück	
Listeneinkaufspreis/Einheit		8790		9600		9200
– Lieferantenrabatt	0,03	=C3*B4	0,1	=E3*D4	0,09	=G3*F4
= Zieleinkaufspreis		=C3-C4		=E3-E4		=G3-G4
– Lieferantenskonto	0,02	=C5*B6	0,02	=E5*D6	0,02	=G5*F6
= Bareinkaufspreis		=C5-C6		=E5-E6		=G5-G6
+ Versandkosten	150	=B8		=D8	0,015	=G3*F8
= Bezugspreis gesamt		=C7+C8		=E7+E8		=G7+G8

1.2.2

Contronic Medical GmbH

Contronic Medical GmbH ◆ Postfach 10 29 55 ◆ 70025 Stuttgart

Yrox-Corporation Ltd.
Frau Andrea Scheffel
Preysingstr. 27
68549 Ilvesheim

Ihr Zeichen:	sche
Ihre Nachricht vom:	2020-11-04
Unser Zeichen:	Kurzzeichen <Prüfling>
Unsere Nachricht vom:	
Name:	<Prüfling>
Telefon:	+49 711 931-11
Telefax:	+49 711 931-15
E-Mail:	info@contronic-gmbh.com
Datum:	Tag der Prüfung

Bestellung – Ihr Angebot 2020/348

Sehr geehrte Frau Scheffel,

wir bestellen einen Hochleistungsdrucker Yrox-Pro 20.

Es gelten unsere vereinbarten Liefer- und Zahlungsbedingungen.

Mit freundlichen Grüßen

Contronic Medical GmbH

i. A. <Prüfling>

Contronic Medical GmbH Unter den Linden 5 70619 Stuttgart	Geschäftsleitung: Giovanni Nigro Musterbank Stuttgart IBAN DE55 3604 4081 0021 0538 25 BIC HEIRDEEO	Tel. 0711 931-0 Homepage: www.contronic-gmbh.de	Gerichtsstand: Stuttgart HRB 37230 Steuer-Nummer: 88 888 82073 USt-IdNr.: DE194214210

1.3

Contronic Medical GmbH

Druckauftrag

Allgemeine Angaben			
Auftraggeber: ○○○○○	**Kostenstelle:** ○○○○○	**Abteilung:** ○○○○○	**Empfänger:** ○○○○○

Lieferung		
Liefertermin		**Priorisierung**
Datum: ○○○○○	**Uhrzeit:** ○○○○○	☐ normal ☐ zügig ☐ sofort

Druckvorlage	
☐ Datei beigefügt	○○○○○
☐ Datei abgelegt unter	○○○○○
☐ Papiervorlage	○○○○○

Gesamtauflage	
Anzahl:	**Druckformat:** ☐ A3 ☐ A4 ☐ A5

Druck		Papierart	
☐ einseitig	☐ beidseitig	☐ Normalpapier	☐ Spezialpapier

Aufgabe 2 (verändert)

2.1.1

Bezeichnung	Prozentwert	Betrag in Euro
= Selbstkosten		460,00
+ Gewinn (neu)	5	23,00
= Barverkaufspreis (neu)		483,00
+ Skonto (neu)	2	9,86
= Ziel Nettoverkaufspreis (neu)		492,86
Auf volle zehn Euro gerundet:		
Neuer Verkaufspreis		490,00

Bezeichnung	Prozentwert	Betrag in Euro
= Selbstkosten		460
+ Gewinn (neu)	5	=D4*C5/100
= Barverkaufspreis (neu)		=SUMME(D4:D5)
+ Skonto (neu)	2	=D6*C7/(100-C7)
= Ziel Nettoverkaufspreis (neu)		=D6+D7
Auf volle zehn Euro gerundet:		
Neuer Verkaufspreis		=RUNDEN(D8;-1)

2.1.2

GrilllookX

GrilllookX, Röhmstraße 101, 89407 Dillingen a. d. Donau

Mustermann GmbH
Musterstraße 10–14
12345 Musterstadt

Ihr Zeichen:	
Ihre Nachricht vom:	
Unser Zeichen:	GG
Unsere Nachricht vom:	
Name:	
Telefon:	+49 9071 12072-35
Telefax:	+49 9071 12072-12
E-Mail:	info@grilllookx.de
Datum:	2020-11-06

Freibleibendes Angebot

Sehr geehrter Herr Mustermann,

als gutem Kunden unseres Hauses möchten wir Ihnen zum Abschluss dieser Sommersaison noch einmal ein attraktives, individuelles Angebot machen.

Im Rahmen einer Abverkaufs-Aktion bieten wir Ihnen den bekannten und bewährten Grill „Happy Hot Dog" (bisheriger Listenpreis 980,00 EUR) zu einem

Nettopreis von 490,00 EUR

an. Der Preis ist nicht rabattierfähig. Allerdings gewähren wir Ihnen einen Skontoabzug von 2 % bei Zahlung innerhalb von 20 Tagen.

Bitte bestellen Sie recht zeitnah, da wir nur noch geringe Restbestände haben. Wir liefern solange der Vorrat reicht.

Mit freundlichen Grüßen

GrilllookX

Gerd Grillinger

GrilllookX
Röhmstraße 101
86407 Dillingen a. d. Donau

Tel.: +49 9071 12072-0
Fax: +49 9071 12072-12
E-Mail: info@grilllookx.de
Web: www.grilllookx.de

Geschäftsführer: Ferdinand Carstens
Sitz des Unternehmens: Dillingen a. d. Donau
Amtsgericht: Dillingen HRB 8812
USt-IdNr.: DE301020183

2.2

Entscheidungstabelle der Firma GrilllookX. Die Spalte „Gewichtung" sagt aus, wie wichtig insgesamt das Entscheidungskriterium für eine Bewertung ist. Hier wird ein Prozenzsatz < 100 eingesetzt. In der Summe ergeben alle Prozentsätze der Kriterien 100 %.	Der Erfüllunggrad ist eine ganze Zahl zwischen 1 (wenig erfüllt) und 5 (seh- gut erfüllt).

Entscheidungstabelle (Gewichtung 100 %)											
		Gartencenter Nord GmbH Leineweg 10–14 30916 Isernhagen		Grillstation GmbH Moselweg 24 56841 Traben-Trarbach		Gartencenter Süd Theresienstraße 12 80333 München		Ambiente Lifestyle An der Bahn 74072 Heilbronn		Outdoor and more KG Allgäuer Straße 48 87435 Kempten	
Entscheidungskriterien	Gewichtung	Erfüllungsgrad		Erfüllungsgrad		Erfüllungsgrad		Erfüllungsgrad		Erfüllungsgrad	
		ungewichtet	gewichtet	ungewichtet	gewichtet	ungewichtet	gewichtet	ungewichtet	gewichtet	ungewichtet	gewichtet
Zahlungsmoral	40 %	3	1,20	2	0,80	5	2,00	5	2,00	1	0,40
Reklamationsverhalten	30 %	3	0,90	5	1,50	3	0,90	5	1,50	1	0,30
Image	20 %	4	0,80	3	0,60	5	1,00	1	0,20	5	1,00
Dauer der Geschäftsbeziehung	10 %	5	0,30	3	0,20	5	0,50	4	0,30	2	0,30
Summe (= 100 %)	**100 %**		**3,20**		**3,10**		**4,40**		**4,00**		**2,00**

Stück laut Bestellung des Kunden	200	75	75	50	50
Auslieferungsmenge in Stück (keine Formel zur Berechnung nötig)	200	–	75	50	–

Formeln:

Entscheidungstabelle der Firma GrilllookX. Die Spalte „Gewichtung" sagt aus, wie wichtig insgesamt das Entscheidungskriterium für eine Bewertung ist. Hier wird ein Prozenzsatz < 100 eingesetzt. In der Summe ergeben alle Prozentsätze der Kriterien 100 %	Der Erfüllunggrad ist eine ganze Zahl zwischen 1 (wenig erfüllt) und 5 (sehr gut erfüllt).

Entscheidungstabelle (Gewichtung 100 %)											
		Gartencenter Nord GmbH Leineweg 10–14 30916 Isernhagen		Grillstation GmbH Moselweg 24 56841 Traben-Trarbach		Gartencenler Süd GmbH Theresienstraße 12 80333 München		Ambiente Lifestyle GmbH An der Bahn 5 74072 Heilbronn		Outdoor and more KG Allgäuer Sraße 48 87435 Kempten	
Entscheidungskriterien	Gewichtung	Erfüllungsgrad		Erfüllungsgrad		Erfüllungsgrad		Erfüllungsgrad		Erfüllungsgrad	
		ungewichtet	gewichtet	ungewichtet	gewichtet	ungewichtet	gewichtet	ungewichtet	gewichtet	ungewichtet	gewichtet
Zahlungsmoral	0,45	3	=+$C15*D15	2	=+$C15*F15	5	=+$C15*H15	5	=+$C15*J15	1	=+$C15*L15
Reklamationsverhalten	0,3	3	=+$C16*D16	5	=+$C16*F16	3	=+$C16*H16	5	=+$C16*J16	1	=+$C16*L16
Image	0,2	4	=+$C17*D17	3	=+$C17*F17	5	=+$C17*H17	1	=+$C17*J17	5	=+$C17*L17
Dauer der Geschäftsbeziehung	0,05	3	=+$C18*D18	2	=+$C18*F18	5	=+$C18*H18	3	=+$C18*J18	3	=+$C18*L18
Summe (= 100 %)	=SUMME(C15:C18)		=SUMME(E15:E18)		=SUMME(G15:G18)		= SUMME(I15:I18)		=SUMME(K15:K18)		=SUMME(M15:M18)

Stück laut Bestellung des Kunden	200	75	75	50	50
Auslieferungsmenge in Stück (keine Formel zur Berechnung nötig)	200		75	50	

zu 2.2

An:	grillinger@grilllookx.de
Cc:	
Bcc:	
Betreff:	Kundenauswahl

Guten Tag Herr Grillinger,

nach der Analyse der Kundenbestellungen und unter Berücksichtigung der Punkte unserer letzten Besprechung habe ich folgenden Vorschlag zur Belieferung unserer Kunden:

Gartencenter Nord GmbH bekommt 200 Stück, da dies die größte Bestellung ist.

Es verbleiben dann noch 125 Stück.

Gartencenter Süd GmbH und Grillstation GmbH haben jeweils 75 Stück bestellt. Hier greift die Kundenbewertung, bei der die Gartencenter Süd GmbH besser abschneidet. Daher werden wir hier 75 Stück liefern.

Abschließend empfehle ich die Bestellung Ambiente Lifestyle GmbH über 50 Stück vollständig zu erfüllen. Begründung:

1. Ambiente Lifestyle GmbH schneidet in der Kundenbewertung besser ab als Outdoor and more KG, die ebenfalls 50 Stück bestellt haben.

2. Die Bestellung der Ambiente Lifestyle GmbH über 50 Stück kann vollständig erfüllt werden, wodurch ein rechtsgültiger Kaufvertrag entsteht.

Würden wir die Grillstation GmbH mit einer Teillieferung bedenken, wäre dies unsererseits ein erneutes Angebot, mit dem Nachteil, dass wir den Ausgang des Geschäftes nicht absehen können, d. h., unser erneutes Angebot müsste erst noch von Grillstation GmbH angenommen werden, damit ein Kaufvertrag entsteht.

Mit freundlichen Grüßen

<Prüfling>

Anhang:	

2.3

GrilllookX

GrilllookX, Röhmstraße 101, 89407 Dillingen a. d. Donau

Gartencenter Nord GmbH
Herrn Horst Planken
Leineweg 10–14
30916 Isernhagen

Ihr Zeichen:	hp
Ihre Nachricht vom:	2020-11-24
Unser Zeichen:	LS/GG/np
Unsere Nachricht vom:	2020-11-19
Name:	<Prüfling>
Telefon:	+49 9071 12072-35
Telefax:	+49 9071 12072-12
E-Mail:	info@grilllookx.de
Datum:	2020-11-25

Defekte Thermostate

Sehr geehrter Herr Planken,

vielen Dank für Ihre schnelle Information.

Es tut uns leid, dass in unserer Lieferung bei 10 Grills der Thermostat defekt ist. Selbstverständlich haben Sie Anspruch auf eine Nachbesserung. Wir werden diese Thermostate ersetzen. Ein Austausch ist technisch leicht möglich.

Dies werden wir nach Terminfestlegung bei Ihnen zu unseren Lasten durchführen.

Ihrem Verlangen nach Austausch der Grills können wir nicht nachkommen, da wir von den Auslaufmodellen keine mehr haben.

Bitte teilen Sie uns mit, wann wir den Austausch vornehmen können. Für Ihr Verständnis bedanken wir uns.

Mit freundlichem Gruß

GrilllookX

<Prüfling>

GrilllookX
Röhmstraße 101
86407 Dillingen a. d. Donau

Tel.: +49 9071 12072-0
Fax: +49 9071 12072-12
E-Mail: info@grillloox.de
Web: www.grillloox.de

Geschäftsführer: Ferdinand Carstens
Sitz des Unternehmens: Dillingen a. d. Donau
Amtsgericht: Dillingen HRB 8812
USt-IdNr.: DE301020183

7 Prüfungsaufgaben Sommer 2021

Aufgabe 1

1.1

Zählerstände Drucksysteme			
Datum	**Abteilung 1**	**Abteilung 2**	**Abteilung 3**
31.12.2014	110.330	833	34.570
31.12.2015	120.122	15.933	48.570
31.12.2016	130.805	27.634	61.982
31.12.2017	142.213	37.560	72.082
31.12.2018	151.314	50.563	85.582
31.12.2019	161.935	57.971	97.982
31.12.2020	171.722	67.122	109.092

Betriebskosten			
Art	**Abteilung 1**	**Abteilung 2**	**Abteilung 3**
jährliche Kosten (allgemein)	2.545,00 €	2.967,00 €	3.125,00 €
Eurocent je Blatt	0,08 €	0,07 €	0,06 €
mtl. Wartung	15,00 €	12,00 €	18,00 €
Toner pro Quartal	78,00 €	125,00 €	48,00 €

Analyse Druckvolumen				
Jahr	**Abteilung 1**	**Abteilung 2**	**Abteilung 3**	**Mittelwert**
2015	9.792	15.100	14.000	**12.964**
2016	10.683	11.701	13.412	**11.932**
2017	11.408	9.926	10.100	**10.478**
2018	9.101	13.003	13.500	**11.868**
2019	10.621	7.408	12.400	**10.143**
2020	9.787	9.151	11.110	**10.016**
Mittelwert	**10.232**	**11.048**	**12.420**	**11.234**

Betriebskosten gesamt				
Art	**Abteilung 1**	**Abteilung 2**	**Abteilung 3**	**Gesamt**
jährliche Kosten (allgemein)	2.545,00 €	2.967,00 €	3.125,00 €	**8.637,00 €**
Papier	782,96 €	640,57 €	666,60 €	**2.090,13 €**
Wartung	180,00 €	144,00 €	216,00 €	**540,00 €**
Toner	312,00 €	500,00 €	192,00 €	**1.004,00 €**
Gesamt	**3.819,96 €**	**4.251,57 €**	**4.199,60 €**	**12.271,13 €**

Formeln:

Zahlerstände Drucksysteme			
Datum	**Abteilung 1**	**Abteilung 2**	**Abteilung 3**
42004	110330	833	34570
42369	120122	15933	48570
42735	130805	27634	61982
43100	142213	37560	72082
43465	151314	50563	85582
43830	161935	57971	97982
44196	171722	67122	109092

Betriebskosten			
Art	**=+B2**	**=+C2**	**=+D2**
jährliche Kosten (allgemein)	2545	2967	3125
Eurocent je Blatt	0,08	0,07	0,06
mtl. Wartung	15	12	18
Toner pro Quartal	78	125	48

Analyse Druckvolumen				
Jahr	**=+B2**	**=+C2**	**=+D2**	**Mittelwert**
2015	=+B4-B3	=+C4-C3	=+D4-D3	=MITTELWERT{G3:I3)
=+F3+1	=+B5-B4	=+C5-C4	=+D5-D4	=MITTELWERT(G4:I4)
=+F4+1	=+B6-B5	=+C6-C5	=+D6-D5	=MITTELWERT(G5:I5)
=+F5+1	=+B7-B6	=+C7-C6	=+D7-D6	=MITTELWERT(G6:I6)
=+F6+1	=+B8-B7	=+C8-C7	=+D8-D7	=MITTELWERT(G7:I7)
=+F7+1	=+B9-B8	=+C9-C8	=+D9-D8	=MITTELWERT(G8:I8)
Mittelwert	=MITTELWERT(G3:G8)	=MITTELWERT(H3:H8)	=MITTELWERT(I3:I8)	=MITTELWERT(J3:J8)

Betriebskosten gesamt				
Art	**=+G2**	**=+H2**	**=-H2**	**Gesamt**
jährliche Kosten (allgemein)	=+B13	=+C13	=+D13	=SUMME(G13:I13)
Papier	=+G9*B14	=+H9*C14	=-H9*D14	=SUMME(G14:I14)
Wartung	=+B15*12	=+C15*12	=+D15*12	=SUMME(G15:I15)
Toner	=+B16*4	=+C16*4	=+D16*4	=SUMME(G16:I16)
Gesamt	=SUMME(G13:G16)	=SUMME(H13:H16)	=SUMME(I13:I16)	=SUMME(J13:J16)

1.2

Personal-For-U GmbH

Kurzprotokoll

Anlass:	Projektsitzung
Datum:	2021-05-07
Uhrzeit:	11:00–11:30 Uhr
Raum:	Panorama
Sitzungsleitung:	Herr Yildiz
Teilnehmende:	Herr Yildiz, Frau Mortensen, <Name Prüfling>
Protokollant:	<Name Prüfling>
Tagesordnung:	Projekt Nachhaltigkeit

Wegen der Anschaffung eines neuen Druckers, setzt sich <Name Prüfling> mit dem Einkauf in Verbindung.

Im Unternehmen gibt es zahlreiche Informationen digital und in Papierform zu verwalten. Mit einem Dokumentenmanagementsystem kann über die gesamten Unternehmensprozesse eine einheitliche Informationsverwaltung sichergestellt werden.

Die Anschaffung einer Dokumentenmanagement-Software wird befürwortet.

<Name Prüfling> recherchiert anbietende Unternehmen und nimmt Kontakt bezüglich einer Beratung auf.

Die Abteilungsleitungen werden zur nächsten Sitzung eingeladen. Auf die Tagesordnung kommt der Punkt „Anforderungsprofil erstellen“.

Ort, Datum	Für die Richtigkeit	Protokollführung
Offenburg, 07.05.2021	Yildiz	*<Name Prüfling >*

1.3

Drucksystem	Prima Farblaser-Multifunktionssystem	i-System Farblaserdrucker
Jährliche Kosten (allgemein)	1.958 €	2.360 €
Kosten pro Blatt	0,09 €	0,05 €

Kleinstes Druckvolumen	7.408	*(oder 6.000)*
Größtes Druckvolumen	15.100	*(oder 16.000)*

Druckvolumen in Blatt	Prima Farblaser-Multifunktionssystem	i-System Farblaserdrucker	Differenz
6.000	2.498 €	2.660 €	162 €
6.500	2.543 €	2.685 €	142 €
7.000	2.588 €	2.710 €	122 €
7.500	2.633 €	2.735 €	102 €
8.000	2.678 €	2.760 €	82 €
8.500	2.723 €	2.785 €	62 €
9.000	2.768 €	2.810 €	42 €
9.500	2.813 €	2.835 €	22 €
10.000	2.858 €	2.860 €	2 €
10.500	2.903 €	2.885 €	−18 €
11.000	2.948 €	2.910 €	−38 €
11.500	2.993 €	2.935 €	−58 €
12.000	3.038 €	2.960 €	−78 €
12.500	3.083 €	2.985 €	−98 €
13.000	3.128 €	3.010 €	−118 €
13.500	3.173 €	3.035 €	−138 €
14.000	3.218 €	3.060 €	−158 €
14.500	3.263 €	3.085 €	−178 €
15.000	3.308 €	3.110 €	−198 €
15.500	3.353 €	3.135 €	−218 €
16.000	3.398 €	3.160 €	−238 €

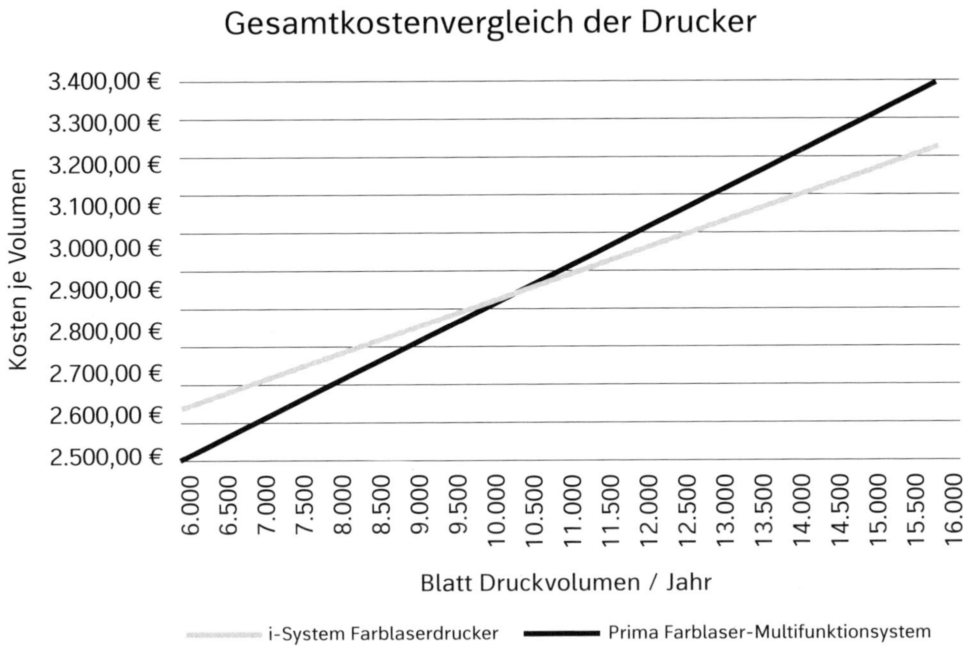

Formeln:

Drucksystem	**Prima Farblaser-Multifunktionssystem**	**i-System Farblaserdrucker**
jährliche Kosten (allgemein)	1958	2360
Kosten pro Blatt	0,09	0,05

Kleinstes Druckvolumen	=MIN('1.1'!G3:I8)	*(oder 6.000)*
Größtes Druckvolumen	=MAX('1.1'!G3:I8)	*(oder 16.000)*

Druckvolumen in Blatt	**=+B1**	**=+C1**	**Differenz**
6000	=B$2+$A9*B$3	=C$2+$A9*C$3	=C9-B9
=+A9+500	=B$2+$A10*B$3	=C$2+$A10*C$3	=C10-B10
=+A10+500	=B$2+$A11*B$3	=C$2+$A11*C$3	=C11-B11
=+A11+500	=B$2+$A12*B$3	=C$2+$A12*C$3	=C12-B12
=+A12+500	=B$2+$A13*B$3	=C$2+$A13*C$3	=C13-B13
=+A13+500	=B$2+$A14*B$3	=C$2+$A14*C$3	=C14-B14
=+A14+500	=B$2+$A15*B$3	=C$2+$A15*C$3	=C15-B15

Druckvolumen in Blatt	=+B1	=+C1	Differenz
=+A15+500	=B$2+$A16*B$3	=C$2+$A16*C$3	=C16-B16
=+A16+500	=B$2+$A17*B$3	=C$2+$A17*C$3	=C17-B17
=+A17+500	=B$2+$A18*B$3	=C$2+$A18*C$3	=C18-B18
=+A18+500	=B$2+$A19*B$3	=C$2+$A19*C$3	=C19-B19
=+A19+500	=B$2+$A20*B$3	=C$2+$A20*C$3	=C20-B20
=+A20+500	=B$2+$A21*B$3	=C$2+$A21*C$3	=C21-B21
=+A21+500	=B$2+$A22*B$3	=C$2+$A22*C$3	=C22-B22
=+A22+500	=B$2+$A23*B$3	=C$2+$A23*C$3	=C23-B23
=+A23+500	=B$2+$A24*B$3	=C$2+$A24*C$3	=C24-B24
=+A24+500	=B$2+$A25*B$3	=C$2+$A25*C$3	=C25-B25
=+A25+500	=B$2+$A26*B$3	=C$2+$A26*C$3	=C26-B26
=+A26+500	=B$2+$A27*B$3	=C$2+$A27*C$3	=C27-B27
=+A27+500	=B$2+$A28*B$3	=C$2+$A28*C$3	=C28-B28
=+A28+500	=B$2+$A29*B$3	=C$2+$A29*C$3	=C29-B29

1.4

Von ...	<Name-Prüfling>@personal-for-u.com
An ...	maxime.musterfrau@musterhausen.xy
Cc ...	
Bcc ...	
Betreff ...	

Sehr geehrte Damen und Herren,

unser Unternehmen mit dem Fokus auf Personaldienstleistung plant die Einführung eines DMS. Bei unserer Internet-Recherche sind wir auf Ihr Unternehmen aufmerksam geworden.

Unsere Geschäftsleitung hat Informationsbedarf: Gibt es einen etablierten Einführungsprozess, an dem wir unsere Aktivitäten ausrichten können? Stellen Sie uns einen oder mehrere Ansprechpartner/-innen und/oder Coaches an die Seite? Es ist uns wichtig, dass Sie Schulungen für unsere Mitarbeiter/-innen anbieten, bevorzugt bei uns im Haus.

Darüberhinaus teilen Sie mir bitte mit, welche Informationen Sie über unser Unternehmen und unsere Prozesse, eventuell auch unsere IT benötigen.

Bitte senden Sie uns mit Ihrer Antwort eine Liste der bereits umgesetzten Installationen (Referenzen) mit.

Aufgrund der Terminsituation in unserem Hause bitte ich Sie, uns zwei Terminvorschläge in der KW 19 zu nennen.

Mit freundlichen Grüßen
Personal-For-U GmbH
<Name Prüfling>

E-Mail: <name-prüfling>@personal4u.com
Internet: www.personal4u.com
Telefon: 0781 7623552
Telefax:
Hausanschrift: Carl-Zeiss-Straße 19, 77656 Offenburg

Geschäftsführer: Ahmet Yildiz
USt-IdNr.: DE183631402
St.-Nr.: 430391722
Handelsregister: HRA 17883 beim Amtsgericht Heidelberg

Anhang:	

Aufgabe 2

2.1

Preiskalkulation			
Verkaufsbezeichnung		JLC MagicBox	
Selbstkosten je Stück	22,50 €		
Stückzahl	500		
Benennung	**Faktor**	**Je Stück**	**Gesamt**
= Selbstkostenpreis		22,50 €	11.250,00 €
+ Gewinnzuschlag	10 %	2,25 €	1.125,00 €
= Barverkaufspreis		24,75 €	12.375,00 €
+ Kundenskonto	2 %	0,50 €	250,00 €
= Zielverkaufspreis		25,25 €	12.625,00 €
+ Kundenrabatt	8 %	2,20 €	1.100,00 €
= Listen-/Nettoverkaufspreis		27,45 €	13.725,00 €
+ Umsatzsteuer	19 %	5,22 €	2.610,00 €
= Bruttoverkaufpreis		**32,67 €**	**16.335,00 €**

Formeln:

Preiskalkulation			
Verkaufsbezeichnung		JLC MagicBox	
Selbstkosten je Stück	22,5		
Stückzahl	500		
Benennung	**Faktor**	**Je Stück**	**Gesamt**
= Selbstkostenpreis		=+B3	=+B$4*C6
+ Gewinnzuschlag	0,1	=+RUNDEN(C6*$B7;2)	=+B$4*C7
= Barverkaufspreis		=+C6+C7	=+B$4*C8
+ Kundenskonto	0,02	=+RUNDEN (C8/(1-$B9)*$B9;2)	=+B$4*C9
= Zielverkaufspreis		=+C8+C9	=+B$4*C10
+ Kundenrabatt	0,08	=+RUNDEN(C10/(1-$B11)* $B11;2)	=+B$4*C11
= Listen-/Nettoverkaufspreis		=+C10+C11	=+B$4*C12
+ Umsatzsteuer	0,19	=+RUNDEN(C12*$B13;2)	=+B$4*C13
= Bruttoverkaufspreis		**=+C12+C13**	**=+B$4*C14**

2.2

Driller Electronics GmbH

Ihr Zeichen: vm/ma
Ihre Nachricht: 2021-04-30
Unser Zeichen: jk/<Name-Prüfling>
Unsere Nachricht:

Driller Electronics GmbH, Tullastraße 54, 79110 Freiburg
MediaStore GmbH
Herrn Mehmet Akyar
Freiburger Straße 45
79539 Lörrach

Name: <Name-Prüfling>
Telefon: +49 761 7896-0
Telefax: +49 761 7896-99
E-Mail: keck@driller-electronics.de
Homepage: www.driller-electronics.de
Datum: 2021-05-07

Angebot „JLC MagicBox"

Sehr geehrter Herr Akyar,

vielen Dank für Ihre Anfrage vom 30.04.2021. Hier das gewünschte Angebot:

JLC MagicBox	HE 40-U 200	27,45 EUR	500	13.725,00 EUR
– 8 % Rabatt				1.098,00 EUR
Zwischensumme				12.627,00 EUR
zzgl. USt. 19 %				2.399,13 EUR
Rechnungsbetrag				**15.026,13 EUR**

Die Rechnung ist zahlbar innerhalb von 10 Tagen unter Abzug von 2 % Skonto oder 30 Tage rein netto.

Die Lieferung erfolgt bis zum 15.05.2021. Wir freuen uns schon heute auf Ihre Bestellung und stehen Ihnen für weitere Fragen gern zur Verfügung.

Unsere Mitarbeiter/-innen mit Familien und meine Familie freuen sich auch in diesem Jahr auf die „Aktionswoche Erlebniskauf Lörrach" und auf ein persönliches Treffen dort mit Ihnen.

Freundliche Grüße aus Freiburg

Driller Electronics GmbH

i. A. <Name-Prüfling> J. Keck (Abteilungsleiter)

Alternative Lösung:

Driller Electronics GmbH

Ihr Zeichen: vm/ma
Ihre Nachricht: 2021-04-30
Unser Zeichen: jk/<Name-Prüfling>
Unsere Nachricht:

Driller Electronics GmbH, Tullastraße 54, 79110 Freiburg
MediaStore GmbH
Herrn Mehmet Akyar
Freiburger Straße 45
79539 Lörrach

Name: <Name-Prüfling>
Telefon: +49 761 7896-0
Telefax: +49 761 7896-99
E-Mail: keck@driller-electronics.de
Homepage: www.driller-electronics.de
Datum: 2021-05-07

Angebot „JLC MagicBox“

Sehr geehrter Herr Akyar,

vielen Dank für Ihre Anfrage vom 30.04.2021. Hier das gewünschte Angebot:

JLC MagicBox	HE 40-U 200	28,00 EUR	500	14.000,00 EUR
– 8 % Rabatt				1.120,00 EUR
Zwischensumme				12.880,00 EUR
zzgl. USt. 19 %				2.447,20 EUR
Rechnungsbetrag				**15.327,20 EUR**

Die Rechnung ist zahlbar innerhalb von 10 Tagen unter Abzug von 2 % Skonto oder 30 Tage rein netto.

Die Lieferung erfolgt bis zum 15.05.2021. Wir freuen uns schon heute auf Ihre Bestellung und stehen Ihnen für weitere Fragen gern zur Verfügung.

Unsere Mitarbeiter/-innen mit Familien und meine Familie freuen sich auch in diesem Jahr auf die „Aktionswoche Erlebniskauf Lörrach“ und auf ein persönliches Treffen dort mit Ihnen.

Freundliche Grüße aus Freiburg

Driller Electronics GmbH

i. A. <Name-Prüfling> J. Keck (Abteilungsleiter)

2.3

An ...	m.akyar@mediastore.de
Cc ...	
Bcc ...	
Betreff:	Nichtlieferung

Sehr geehrter Herr Akyar,

bitte entschuldigen Sie, dass wir unserer Vertragsverpflichtung nur hinsichtlich einer Teilmenge nachgekommen sind. Leider konnten wir auch die uns gewährte Fristverlängerung zur Nachlieferung nicht nutzen. Für das Fehlverhalten sind wir verantwortlich.

Glücklicherweise konnten Sie die Fehlmenge von dritter Seite besorgen. Den Ihnen dabei entstandenen Schaden in Höhe von 187,50 EUR werden wir auf Ihr uns bekanntes Geschäftskonto überweisen.

Wir bedauern die Ihnen entstandenen Unannehmlichkeiten und werden dafür Sorge tragen, dass eine solche Situation künftig nicht wieder vorkommt. Zu einer künftig erfolgreichen Geschäftsbeziehung unserer Unternehmen werden wir unseren Teil beitragen.

Freundliche Grüße aus Freiburg

Driller Electronics GmbH

Name des Prüflings

E-Mail: Name des Prüflings@driller-electronics.de
Internet: www.driller-electronics.de
Telefon: +49 761 7896-15
Telefax: +49 761 7896-20
Hausanschrift: Tullastraße 59, 79110 Freiburg

Geschäftsführer: Daniel Driller
Unternehmenssitz: Freiburg
HRB 698732
USt-IdNr. DE1965873 beim Amtsgericht Freiburg

Aktennotiz

An: Herrn J. Keck

25. Februar 2021

Betrifft die Schadensersatzforderung der MediaStore GmbH, wegen fehlender Teillieferung von 150 Stück über den Betrag von 187,50 EUR.

Der Kaufvertrag kommt mit unserem Angebot (07.05.2021 E-Mail, Antrag) und der Bestellung (Bestellung vom 08.05.2021, Annahme) unseres Kunden zustande.

Es erfolgte eine Lieferung von lediglich 350 Stück der JLC MagicBox am 15.05.2021. Vereinbart waren 500 Stück. Dies stellt eine Teilleistung dar, die unser Kunde akzeptieren kann (§ 266 BGB).

Der Anspruch unseres Kunden auf die Leistung hinsichtlich des Restes besteht weiter.

Der Kunde hat den Mangel in der Menge sofort gerügt. Das macht er in der E-Mail vom 15. Mai.

Des Weiteren nennt er eine Frist für die Lieferung der Restmenge. Damit hat er den Zeitpunkt für einen eventuellen Verzug gesetzt. Außerdem kündigt er an, dass er nach Ablauf der Frist die Restmenge nicht mehr annehmen werde.

Die gesetzte Frist von vier Tagen ist angemessen, da wir wissen mussten, dass er die Ware für die Aktionswoche benötigt.

Da wir innerhalb der Frist nicht geliefert haben (nicht liefern konnten), hat unser Kunde das Recht vom Kaufvertrag, bezogen auf die Restmenge, zurückzutreten (§ 323 Abs. 1 und Abs. 5 BGB). Die entsprechende Willenserklärung hat unser Kunde in Form der Ablehnungsandrohung abgegeben. (Wäre kein Rücktritt erfolgt befänden wir uns im Verzug (§ 286 Abs. 1 S. 1).

Mit der Mängelrüge 2 fordert unser Kunde Schadensersatz aufgrund des erforderlichen Deckungskaufes. Da wir den Sachverhalt der nicht gelieferten Teilmenge vertreten müssen (Verschulden), ist unser Kunde gemäß §§ 280 und 281 zur Forderung von Schadenersatz berechtigt. Der Differenzbetrag zwischen unserem Preis zum höheren Kaufpreis des Deckungskaufs ist der Schaden (187,50 EUR).

Dieser Schaden ist zu ersetzen.

8 Prüfungsaufgaben Winter 2021/2022

Aufgabe 1

1.1.1 Siehe **Anlage 1**.

1.1.2

Von ...	pruefling@manz-trade.com
An ...	ruffin@manz-trade.com
Betreff ...	Rabattwunsch Kaufhalle GmbH

Guten Tag Herr Ruffin,

die Unterlagen habe ich geprüft. Dem Kunden wird generell ein Rabatt von 3 % gewährt.

Beim Artikel „Lichterkette Classic" besteht derzeit eine hohe Nachfrage und unsere Lagerbestände sind gering. Aktuell können nicht alle Kundenanfragen bedient werden. Deshalb können wir der Kaufhalle GmbH bei diesem Produkt den gewünschten Mengenrabatt von 10 % nicht gewähren.

Jedoch ist es bei den Artikeln „Leuchtstern Star" und „Weihnachtsbaumkugeln Gold" durchaus möglich, den höheren Rabatt zu geben. Nicht nur, um dem Kunden ein Entgegenkommen zu zeigen, sondern auch, um unseren Lagerbestand zu reduzieren.

Für Fragen stehe ich gerne zur Verfügung.

Grüße

Name Prüfling
Abteilung Verkauf

1.2

	A	B	C
5			
6			**Jubiläums-Produkt**
7		Wert in %	Betrag in Euro
8	= Selbstkostenpreis		5,23
9	+ Gewinnzuschlag	27,5 %	1,44
10	= Barverkaufspreis		6,67
11	+ Kundenskonto	2,5 %	0,17
12	= Zielverkaufspreis		6,84
13	+ Kundenrabatt	3,0 %	0,21
14	= Listenverkaufspreis		7,05

Formeln:

	A	B	C
5			
6			**Jubiläums-Produkt**
7		Wert in %	Betrag in Euro
8	= Selbstkostenpreis		5,23
9	+ Gewinnzuschlag	0,275	=C8*B9
10	= Barverkaufspreis		=C8+C9
11	+ Kundenskonto	0,025	=C10/(1-B11)*B11
12	= Zielverkaufspreis		=C10+C11
13	+ Kundenrabatt	0,03	=C12/(1-B13)*B13
14	= Listenverkaufspreis		=C12+C13

1.3

Manz-Trade GmbH

Manz-Trade GmbH, Steinerstr. 8, 88400 Biberach

Kaufhalle GmbH
Frau Dr. Irene Ludwig
Domstraße 1
86152 Augsburg

Ihr Zeichen:	
Ihre Nachricht vom:	
Unser Zeichen:	Kurzzeichen <Prüfling>
Unsere Nachricht vom:	
Name:	<Prüfling>
Telefon:	07351 3652-22
Telefax:	07351 3652-77
E-Mail:	pruefling@manz-trade.com
Internet:	www.manz-trade.com
Datum:	2021-11-10

Angebot Jubiläumsprodukt „50 Jahre Kaufhalle"

Sehr geehrte Frau Dr. Ludwig,

für Ihr kommendes Jubiläumsjahr bieten wir Ihnen gerne wie folgt an:

Glitzer-Tischstreu in dekorativer Schmuckbox versehen mit Schriftzug „50 Jahre Kaufhalle"

Der Nettoverkaufspreis je Box beträgt 7,05 EUR abzüglich Ihres vereinbarten Rabattes von 3 %, Mindestabnahme 6.000 Stück. Als Lieferpauschale stellen wir 250,00 EUR in Rechnung.

Ferner gewähren wir bei Zahlungseingang innerhalb von 15 Tagen nach Rechnungseingang einen Skonto in Höhe von 2,5 %. Ohne Skontoabzug muss die Zahlung spätestens innerhalb von 40 Tagen ab Rechnungseingang bei uns eingehen.

Bitte geben Sie Bescheid, falls zu diesem Angebot noch Fragen auftauchen.

Wir freuen uns auf Ihren Auftrag und eine weiterhin erfolgreiche Zusammenarbeit in Ihrem Jubiläumsjahr!

Freundliche Grüße

Manz-Trade GmbH

i. A. Name Prüfling

Geschäftsführer:	**Kommunikationsdaten:**	**Gerichtsstand Biberach**	**Bankverbindung:**
Peter Schneider	Telefon: 07351 3652-0	**HRA** 3380 Biberach	Vereinsbank Biberach
	Telefax: 07351 3652-10	**Steuer-Nr.:** 1430671722	IBAN DE89 3704 0044 0532 0130 00
	E-Mail: info@manz-trade.com	**USt-IdNr.:** DE183631402	SWIFT-Code 1122 49 22 123

Aufgabe 2

2.1

SystemTraum KG

Checkliste

Überprüfung der Büroraumgestaltung und -ausstattung

	Aspekte	Bemerkung
☐	Rollen des Bürostuhls an Bodenbelag angepasst	
☐	geeigneter Schreibtisch	
☐	Arbeitsmöbel haben keine scharfen Kanten/Ecken	
☐	ausreichend Beinfreiraum vorhanden	
☐	Arbeitsgeräte mit geringer Lärmemission	
☐	gute Akustik am Arbeitsplatz	
☐	Raumklima regulierbar	
☐	Fenster lassen sich öffnen oder kippen	
☐	gleichmäßige Ausleuchtung des Büroraums	
☐	Sonnenschutz vorhanden	
☐	passende Farbgestaltung	

2.2

SystemTraum KG

Tischvorlage

Besprechung Zuordnung Büroräume – Abteilungen

Raum	Begründung
Raum 1 für Abteilung Verkauf 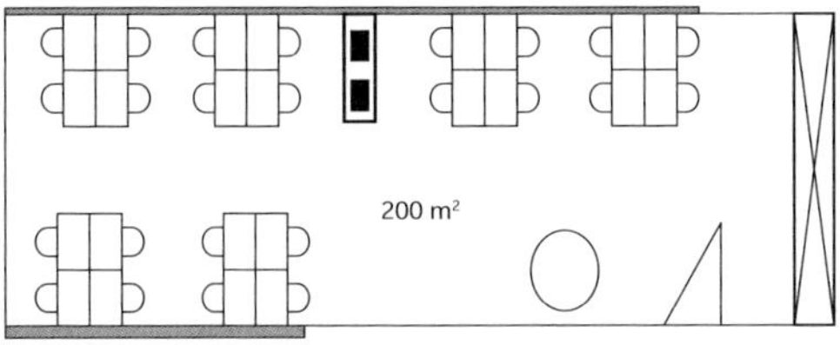 	• Aktuell sind 20 Arbeitsplätze besetzt, damit ist eine Entwicklungsmöglichkeit gegeben. • Durch das Großraumbüro ist ein schneller Austausch von Informationen möglich.
Raum 2 für Abteilung Marketing 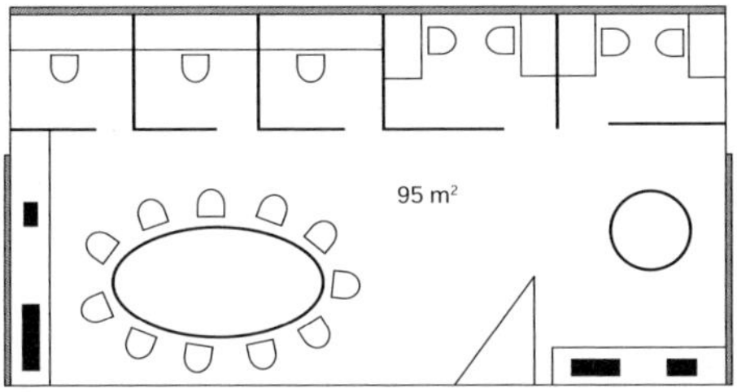 	• Aktuell werden sechs Arbeitsplätze benötigt. • Ein weiterer Arbeitsplatz ist vorhanden. • Durch einen großen Konferenztisch ist eine kreative Teamarbeit und die Besprechung mit anderen Abteilungen möglich.
Raum 3 für Abteilung Personalverwaltung 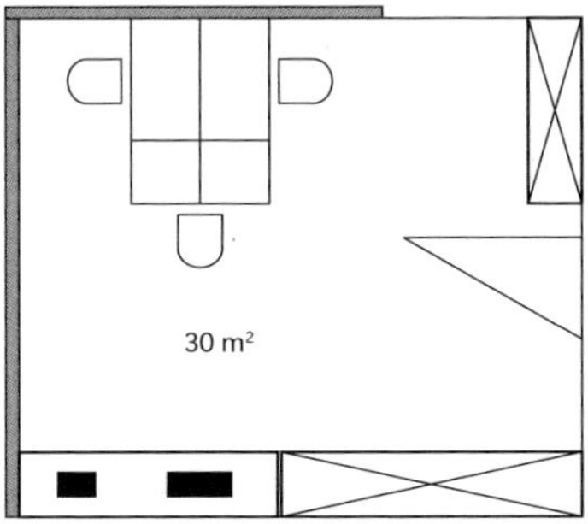 	• Es ist ausreichend Platz für drei Mitarbeitende vorhanden. • Auch Ablagemöglichkeiten für die Personalakten sind vorhanden.

2.3 Siehe **Anlage 2**.

2.4

Von ...	info@leicht-gmbh.de
Cc ...	
Bcc ...	
Betreff ...	Umzug unseres Archives

Sehr geehrte Damen und Herren,

wir benötigen Ihre Unterstützung für den Umzug unserer Abteilungsarchive vom 2. Stock in den 1. Stock des Nachbargebäudes.

Ein Lkw ist hierzu nicht erforderlich. Sämtliche Akten sind von Ihren Mitarbeitern zu verpacken. Für die Ermittlung des Umzugsaufwandes bitten wir Sie, uns einen Besichtigungstermin in KW 46 vorzuschlagen. Der Umzug soll am Samstag, den 11. Dezember erfolgen.

Vielen Dank im Voraus.

Mit freundlichen Grüßen

Systemtraum KG

i. A. Name Prüfling
Abteilung Einkauf

Anlage 1

	A	B	C	D	E	F	G	H
1	**Artikel**	**Aktueller Lagerbestand**	**Aktueller Auftragseingang**	**Zugesagte Lieferungen**	**Sicherheitsbestand**	**Verfügbarer Bestand**	**Bestellmenge Anfrage**	**Lieferfähigkeit ok/eingeschränkt**
2	Lichterkette Classic	4.500	5.200	4.100	450	2.950	3.600	eingeschränkt
3	Leuchtstern Star	6.200	430	0	100	5.670	2.500	ok
4	Weihnachtsbaumkugeln Gold	4.200	3.850	7.500	300	7.550	6.000	ok

Formelansicht:

	A	B	C	D	E	F	G	H
1	**Artikel**	**Aktueller Lagerbestand**	**Aktueller Auftragseingang**	**Zugesagte Lieferungen**	**Sicherheitsbestand**	**Verfügbarer Bestand**	**Bestellmenge Anfrage**	**Lieferfähigkeit ok/eingeschränkt**
2	Lichterkette Classic	4500	5200	4100	450	=B2-C2+D2-E2	3600	=WENN(F2>G2;"ok";"eingeschränkt")
3	Leuchtstern Star	6200	430	0	100	=B3-C3+D3-E3	2500	=WENN(F3>G3;"ok";"eingeschränkt")
4	Weihnachtsbaumkugeln Gold	4200	3850	7500	300	=B4-C4+D4-E4	6000	=WENN(F4>G4;"ok";"eingeschränkt")

Anlage 2

	F	G	H	I	J	K	L
1							
2							
3	**Bedarfsermittlung Dreieckstisch**	**50**	**Stück**				
4	**Artikelnummer**	**200030**	**200031**	**200032**	**200035**	**200104**	
5	**Bruttobedarf**	50	150	150	150	300	
6	**– Lagerbestand**	20	200	50	400	150	
7	**+ Sicherheitsbestand**	4	12	12	150	90	
8	**Nettobedarf**	34	–38	112	–100	240	
9							

	F	G	H	I	J	K
1						
2						
3	**Bedarfsermittlung Dreieckstisch**	**50**	**Stück**			
4	**Artikelnummer**	**200030**	**200031**	**200032**	**200035**	**200104**
5	**Bruttobedarf**	=$G$3*Stückliste!B4	=$G$3*Stückliste!C4	=$G$3*Stückliste!D4	=$G$3*Stückliste!E4	=$G$3*Stückliste!F4
6	**– Lagerbestand**	=SVERWEIS(G4;$A$4:$C$14;3)	=SVERWEIS(H4;$A$4:$C$14;3)	=SVERWEIS(I4;$A$4:$C$14;3)	=SVERWEIS(J4;$A$4:$C$14;3)	=SVERWEIS(K4;$A$4:$C$14;3)
7	**+ Sicherheitsbestand**	=SVERWEIS(G4;$A$4:$D$14;4)	=SVERWEIS(H4;$A$4:$D$14;4)	=SVERWEIS(I4;$A$4:$D$14;4)	=SVERWEIS(J4;$A$4:$D$14;4)	=SVERWEIS(K4;$A$4:$D$14;4)
8	**Nettobedarf**	=G5-G6+G7	=H5-H6+H7	=I5-I6+I7	=J5-J6+J7	=K5-K6+K7
9						

9 Prüfungsaufgaben Sommer 2022

Aufgabe 1

1.1

Von:	pruefling@blossom.de
An:	fuchs@blossom.de
Cc:	
Betreff:	Anfrage zum Produkt mobile Pflanzenwand

Sehr geehrte Damen und Herren,

die BLOSSOM OFFICE GmbH vertreibt Begrünungssysteme mit begrünten Wänden für den Innen- und Außenbereich. Als innovatives Unternehmen sind wir stetig bemüht, unsere Produktpalette zu erweitern. Vor diesem Hintergrund möchten wir in unser Sortiment eine mobile Pflanzenwand für den Innenbereich aufnehmen.

Folgende Produktmerkmale sollten Ihre mobilen Pflanzenwände aufweisen:

Produktmaße: **H × B × T, 1.635 mm × 1.200 mm × 400 mm**
Beschaffenheit: **Die Komponenten der Pflanzenwände müssen nachhaltig (recycelt, gepresst, umweltschonend versiegelt) produziert sein.**

Senden Sie uns bitte ein ausführliches Angebot zu.

Grundsätzlich sind wir an einer langfristigen Zusammenarbeit mit Ihrem Unternehmen interessiert. Unser Jahresbedarf an mobilen Pflanzwänden liegt bei ca. 800 Stück.

Für Rückfragen stehe ich Ihnen gerne zur Verfügung.

Mit freundlichen Grüßen

BLOSSOM OFFICE GmbH

i. A. Name Pruefling
Einkauf

1.2 **Quantitativer Angebotsvergleich:**

Menge/Stück	**800**

	ingreen GmbH	Hui Green Ltd.	MaliPai Ltd.
Stückpreis in Euro	1.680,00	1.480,00	1.420,00
Rabatt in %	0	10	15
Skonto in %	3	2	0
Bezugskosten in Euro	120,00	185,00	92,37

Bezugskalkulation	In Euro	In Euro	In Euro
Listeneinkaufspreis	1.680,00	1.480,00	1.420,00
– Rabatt	0,00	148,00	213,00
= Zieleinkaufspreis	1.680,00	1.332,00	1.207,00
– Skonto	50,40	26,64	0,00
= Bareinkaufspreis	1.629,60	1.305,36	1.207,00
+ Bezugskosten	0,15	0,23	0,12
= Einstandpreis	**1.629,75**	**1.305,59**	**1.207,12**

Formeln:

Bezugskalkulation	In Euro	In Euro	In Euro
Listeneinkaufspreis	=D7	=E7	=F7
– Rabatt	=D13/100*D8	=E13/100*E8	=F13/100*F8
= Zieleinkaufspreis	=D13-D14	=E13-E14	=F13-F14
– Skonto	=D15/100*D9	=E15/100*E9	=F15/100*F9
= Bareinkaufspreis	=D15-D16	=E15-E16	=F15-F16
+ Bezugskosten	=D10/$D$4	=E10/$D$4	=F10/$D$4
= Einstandpreis	**=SUMME(D17:D18)**	**=SUMME(E17:E18)**	**=SUMME(F17:F18)**

Alternative Lösung
Quantitativer Angebotsvergleich:

Menge/Stück	**800**

	ingreen GmbH	Hui Green Ltd.	MaliPai Ltd.
Stückpreis in Euro	1.680,00	1.480,00	1.420,00
Rabatt in %	0	10	15
Skonto in %	3	2	0
Bezugskosten in Euro	120,00	185,00	92,37

Bezugskalkulation	In Euro	In Euro	In Euro
Listeneinkaufspreis	1.344.000,00	1.184.000,00	1.136.000,00
– Rabatt	0,00	118.400,00	170.400,00
= Zieleinkaufspreis	1.344.000,00	1.065.600,00	965.600,00
– Skonto	40.320,00	21.312,00	0,00
= Bareinkaufspreis	1.303.680,00	1.044.288,00	965.600,00
+ Bezugskosten	120,00	185,00	92,73
= Einstandpreis	**1.303.800,00**	**1.044.473,00**	**965.692,37**

Formeln:

Bezugskalkulation	In Euro	In Euro	In Euro
Listeneinkaufspreis	=+D7*$D$4	=+E7*$D$4	=+F7*$D$4
– Rabatt	=D13/100*D8	=E13/100*E8	=F13/100*F8
= Zieleinkaufspreis	=D13-D14	=E13-E14	=F13-F14
– Skonto	=D15/100*D9	=E15/100*E9	=F15/100*F9
= Bareinkaufspreis	=D15-D16	=E15-E16	=F15-F16
+ Bezugskosten	=+D10	=+E10	=+F10
= Einstandpreis	**=SUMME(D17:D18)**	**=SUMME(E17:E18)**	**=SUMME(F17:F18)**

Entscheidung: Obwohl die Lieferanten aus Asien deutlich günstiger als der deutsche Lieferant sind, müssen auch die qualitativen und nachhaltigen Kriterien beachtet werden.
Laut unserem Leitbild legt unser Unternehmen viel Wert auf die Nachhaltigkeitsaktivitäten der Lieferanten. Die ingreen GmbH hat als einziges Unternehmen hierfür eine Zertifizierung nach dem Umweltmanagementsystem ISO 14001. Neben der ISO-Zertifizierung wäre der CO_2-Ausstoß durch kürzere Lieferwege geringer.
Obwohl der deutsche Hersteller aus Kostensicht teurer ist, würde ich mich für diesen entscheiden.

1.3.1 **Vergleichsrechnung Eigenlagerung oder Fremdlagerung:**

Eigenlagerung		Fremdlagerung	
Jahreskosten in Euro	14.800,00	Lagerkosten in Euro/Stück	33,00
Lagerkosten in Euro/Stück	9,50		

	Eigenlagerung			Fremdlagerung	Ergebnis	Vergleich
Menge	**Jahreskosten in Euro**	**Lagerkosten in Euro**	**Gesamtkosten Eigenlagerung in Euro**	**Gesamtkosten Fremd-lagerung in Euro**	**Fremd- oder Eigenlagerung**	**Kostenvorteil der Fremd-lagerung in Euro**
100	14.800,00	950,00	15.750,00	3.300,00	Fremdlagerung	12.450,00
200	14.800,00	1.900,00	16.700,00	6.600,00	Fremdlagerung	10.100,00
300	14.800,00	2.850,00	17.650,00	9.900,00	Fremdlagerung	7.750,00
400	14.800,00	3.800,00	18.600,00	13.200,00	Fremdlagerung	5.400,00
500	14.800,00	4.750,00	19.550,00	16.500,00	Fremdlagerung	3.050,00
600	14.800,00	5.700,00	20.500,00	19.800,00	Fremdlagerung	700,00
700	14.800,00	6.650,00	21.450,00	23.100,00	Eigenlagerung	–1.650,00
800	14.800,00	7.600,00	22.400,00	26.400,00	Eigenlagerung	–4.000,00

Formeln:

	Eigenlagerung			Fremd-lagerung	Ergebnis	Vergleich
Menge	**Jahreskosten in Euro**	**Lagerkosten in Euro**	**Gesamtkosten Eigen-lagerung in Euro**	**Gesamtkosten Fremd-lagerung in Euro**	**Fremd- oder Eigenlagerung**	**Kostenvorteil der Fremd-lagerung in Euro**
100	=$D$5	=$D$6*B10	=C10+D10	=$G$5*B10	=WENN(F10>E10;"Eigenlagerung";"Fremdlagerung")	=F10-E10
200	=$D$5	=$D$6*B11	=C11+D11	=$G$5*B11	=WENN(F11>E11;"Eigenlagerung";"Fremdlagerung")	=F11-E11
300	=$D$5	=$D$6*B12	=C12+D12	=$G$5*B12	=WENN(F12>E12;"Eigenlagerung";"Fremdlagerung")	=F12-E12
400	=$D$5	=$D$6*B13	=C13+D13	=$G$5*B13	=WENN(F13>E13;"Eigenlagerung";"Fremdlagerung")	=F13-E13
500	=$D$5	=$D$6*B14	=C14+D14	=$G$5*B14	=WENN(F14>E14;"Eigenlagerung";"Fremdlagerung")	=F14-E14
600	=$D$5	=$D$6*B15	=C15+D15	=$G$5*B15	=WENN(F15>E15;"Eigenlagerung";"Fremdlagerung")	=F15-E15
700	=$D$5	=$D$6*B16	=C16+D16	=$G$5*B16	=WENN(F16>E16;"Eigenlagerung";"Fremdlagerung")	=F16-E16
800	=$D$5	=$D$6*B17	=C17+D17	=$G$5*B17	=WENN(F17>E17;"Eigenlagerung";"Fremdlagerung")	=F17-E17

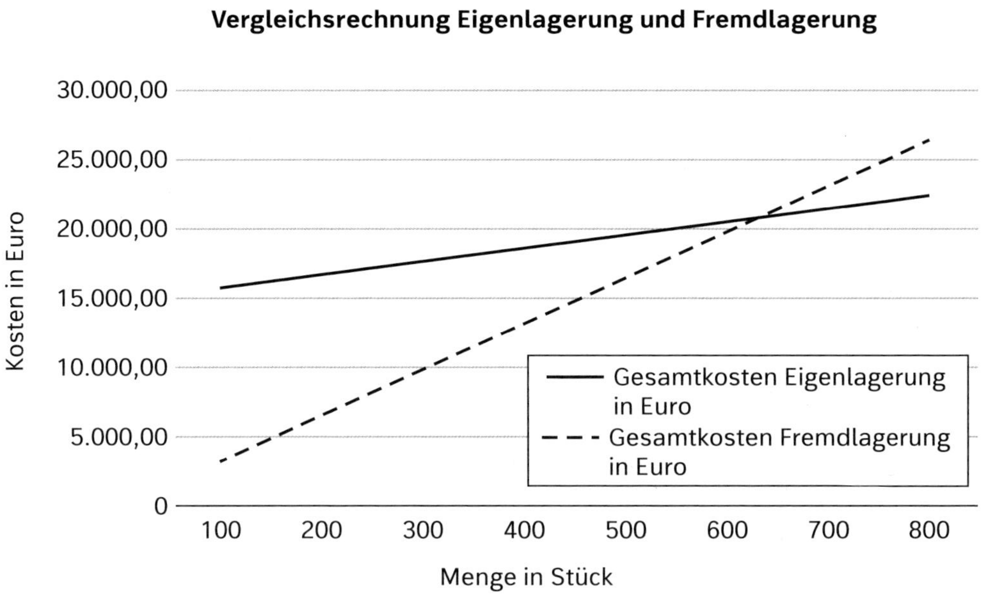
Vergleichsrechnung Eigenlagerung und Fremdlagerung
30.000,00
25.000,00
20.000,00
15.000,00
10.000,00
5.000,00
0
Kosten in Euro
100
200
300
400
500
600
700
800
Menge in Stück
Gesamtkosten Eigenlagerung in Euro
Gesamtkosten Fremdlagerung in Euro

1.3.2

Teambesprechung

Entscheidung: Fremd- oder Eigenlagerung

BLOSSOM OFFICE GMBH

Analyse und Auswertung
Bei einer Absatzmenge von 800 Stück ist die Eigenlagerung um rund 4.000,00 EUR günstiger. Laut der grafischen Darstellung wird die kritische Menge bei ca. 630 Stück erreicht. Die Einlagerung bei 800 Stück verursacht Gesamtkosten von 22.400,00 EUR.

Pro-Argumente

Fremdlagerung
- Bei Bedarf kann der Vertrag mit dem Lagerhalter vorzeitig gekündigt werden.
- hohe Flexibilität
- Investitionskosten können gespart werden.

Eigenlagerung
- sofortiger Zugriff auf Lagerbestand (räumliche Nähe)
- Qualitätssicherung durch eigenes Lagerpersonal

Kontra-Argumente

Fremdlagerung
- Bei einer höheren Absatzmenge ist das Fremdlager teurer.
- Eventuelle Vorlaufzeiten für Lagerentnahmen müssen eingeplant werden.

Eigenlagerung
- hohe Fixkosten, falls der Lagerraum nicht ausgenutzt wird
- Lagerrisiken
- Investitionskosten

Handlungsempfehlung
Aus Kostensicht würde sich die Eigenlagerung bei einer Absatzmenge von 800 Stück anbieten. Jedoch ist zu beachten, dass wir bei 800 Stück von einer optimalen Auftragslage ausgehen. Aufgrund der erstmaligen Produkteinführung ist noch nicht vorauszusehen, wie sich der Absatz letztlich über einen langen Zeitraum entwickelt.
Das Risiko eines nicht genutzten Lagerraums würde nicht nur hohe Investitionskosten, sondern auch weitere Fixkosten nach sich ziehen. Vor diesem Hintergrund würde ich vorerst die Fremdlagerung empfehlen. Die Entscheidung sollte nach Markteinführung des Produktes, ca. nach einem Jahr, nochmals überdacht werden.

Aufgabe 2

2.1

Gesprächsvorbereitung

GENUSSWELT

Firma:	soul hotel, Ulm
Gesprächspartner/-in:	Herr Gros
Telefon:	0731 557788
E-Mail:	gros.martin@soulhotel-ulm.de
Datum:	(Tag der Prüfung)
Uhrzeit:	(Uhrzeit der Prüfung)
Thema:	Nichtlieferung Creativ Rosé

Gesprächsgrundlage:

- Das soul hotel Ulm ist ein langjähriger Kunde.
- Es lag ein Fixgeschäft vor.
- Wir können nicht mehr erfüllen.
- Schadenersatz nach BGB (Angabe der Paragrafen)

Gesprächsinhalte:

- Entschuldigung
- GenussWelt hat nicht korrekt gehandelt und Schaden verursacht.
- Genusswelt kann dem soul hotel im Telefonat einen neuen Antrag auf Abschluss eines Kaufvertrages machen.
- vorhandenen Ersatz-Wein zum Preis des ursprünglichen Weines sowie Lieferung für den heutigen Nachmittag anbieten.
- Falls soul hotel den Antrag annimmt, kommt ein neuer Kaufvertrag zustande. Schadenersatzanspruch bleibt daneben hinsichtlich eines (geringen) (Rest)-Schadens bestehen.
- Falls der Antrag nicht angenommen wird, sollte Hinweis erfolgen, dass die Schadenersatzforderung bitte zugesendet werden solle.
- Interesse an weiterbestehender Geschäftsbeziehung bekunden und zusagen, dass alles getan wird, dass eine solche Situation nicht wieder entstehen möge

Zusätzliche Informationen:

Rechtliche Analyse

- Der Schadenersatzanspruch ergibt sich aus §§ 280 Abs. 1 und Abs. 3, 283 S. 1 sowie 275 Abs. 1 BGB.
- Die Pflichtverletzung liegt in der Nichtleistung am Fälligkeitstag. Der Schuldner des Weines hat seine Pflicht, den Wein am 4. Mai 2022 zu liefern, verletzt (§ 280 Abs. 1 S. 1 BGB)

und der Gläubiger kann den hierdurch entstehenden Schaden verlangen. Durch die Regelung in § 280 Abs. 3 BGB ist aber das Vorliegen zusätzlicher Voraussetzungen erforderlich, die sich aus § 283 BGB ergeben.

- § 283 S. 1 BGB regelt, dass, sofern der Schuldner (des Weines), gemäß § 275 Abs. 1 BGB nicht zu leisten braucht (eine unmögliche Leistung – Lieferung am vorangegangenen Tag – kann nicht erbracht werden), der Gläubiger (der Leistung, Weinlieferung) Schadenersatz verlangen kann.
- Die Voraussetzung gemäß § 280 Abs. 1 S. 2 BGB ist auch erfüllt; die Pflichtverletzung ist vom Schuldner zu vertreten (Lieferung wurde vergessen).
- Ein Schadenersatzanspruch besteht.

Kaufmännische Erläuterung

- Ein absolutes Fixgeschäft liegt vor, wenn die vertragliche Vereinbarung einer Leistung, bei der die Erbringung derselben nur zu dem vereinbarten Zeitpunkt, den beide Parteien festgelegt haben und kennen, vereinbart ist, und eine spätere Lieferung für den Gläubiger keinen Sinn mehr macht.
- Ein genau bestimmter Leistungszeitpunkt ist vereinbart.
- Der Zeitpunkt der Leistung sowie die Einhaltung der Leistungszeit sind für den Gläubiger wesentlich und der Schuldner hat sich hierzu ausdrücklich verpflichtet.
- Die Leistung am 4. Mai zu erbringen, ist heute, am 5. Mai für jedermann unmöglich. Daher kann der Gläubiger diese nicht (mehr) verlangen. Statt der Leistung kann der Gläubiger Schadenersatz verlangen.
- (Wird die Leistung dennoch erbracht, so stellt dies keine Erfüllung dar. Der Gläubiger kann diese ablehnen.)

2.2

Lagerkartei					
Einheit	Kiste/Karton zu je 6 Flaschen				
Artikel-Nr.	384			---	
Hersteller	Weingut Berger			alle Hersteller	
Beschreibung	„Creative Rosé“			alle Weine	
Jahr 2021	**Wareneingang in Stück**	**Warenausgang in Stück**	**Bestand in Stück**	**Warenausgang in Stück**	**Bestand in Stück**
1. Jan.			30		750
31. Jan.		15	15	200	1.200
14. Feb.	80		95		
28. Feb.			95	450	950
31. Mrz.		5	90	340	1.200
30. Apr.		90	0	200	1.400
14. Mai	80		80		
31. Mai		23	57	500	1.300

Jahr 2021	Warenein-gang in Stück	Warenaus-gang in Stück	Bestand in Stück	Warenaus-gang in Stück	Bestand in Stück
30. Jun.		57	0	460	1.100
31. Jul.		0	0	530	2.300
14. Aug.	80		80		
31. Aug.		15	65	1.250	700
30. Sep.		10	55	300	500
31. Okt.		37	18	340	700
14. Nov.	80		98		
30. Nov.			98	200	1.100
30. Dez.		81	17	1.340	800
Kennzahlen					
			„Creative Rosé“		Alle Weine
Durchschnittlicher Lagerbestand in Stück			41,54		1.076,92
Lagerumschlagshäufigkeit			8,02		5,67
Lagerdauer			44,91		63,45

Formeln:

Lagerkartei					
Einheit	Kiste/Karton zu je 6 Flaschen				
Artikel-Nr.	384			---	
Hersteller	Weingut Berger			alle Hersteller	
Beschreibung	„Creative Rosé“			alle Weine	
Datum	**Warenein-gang in Stück**	**Warenaus-gang in Stück**	**Bestand in Stück**	**Warenaus-gang in Stück**	**Bestand in Stück**
44197			30		750
44227		15	=D8+B9-C9	200	1.200
44241	80		=D9+B10-C10		
44255			=D10+B11-C11	450	950
44286		5	=D11+B12-C12	340	1.200
44316		90	=D12+B13-C13	200	1.400
44330	80		=D13+B14-C14		
44347		23	=D14+B15-C15	500	1.300

Jahr 2021	Warenein-gang in Stück	Warenaus-gang in Stück	Bestand in Stück	Warenaus-gang in Stück	Bestand in Stück
44377		57	=D15+B16-C16	460	1.100
44408		0	=D16+B17-C17	530	2.300
44422	80		=D17+B18-C18		
44439		15	=D18+B19-C19	1.250	700
44469		10	=D19+B20-C20	300	500
44500		37	=D20+B21-C21	340	700
44514	80		=D21+B22-C22		
44530			=D22+B23-C23	200	1.100
44560		81	=D23+B24-C24	1.340	800

Kennzahlen			
	„Creative Rosé“		Alle Weine
Durchschnittlicher Lagerbestand in Stück	=(D8+D9+D10+D11+D12+ D13+D14+D15+D16+D17+ D18+D19+D20+D21+D22+ D23+D24)/13		=F39=(F8+F9+F10+F11+F12 +F13+F14+F15+F16+F17+ F18+F19+F20+F21+F22+ F23+F24)/13
Lagerumschlagshäufigkeit	=SUMME(C8:C24)/D28		=SUMME(E8:F24)/F28
Lagerdauer	=360/D29		=360/F29

alternative Summenbildung über Summenfeld denkbar; alternative Formeln zur Bestimmung der notwendigen Werte für den durchschnittlichen Lagerbestand denkbar

Alternative Berechnung:

„Creative Rosé“		Alle Weine
=SUMMEWENN(B8:B24;"";D8:D24/13)		=SUMMEWENN(B8:B24;"";F8:F24/13)
=+D29		=+F29
=360/H29		=360/I29

Analyse und Optimierungsvorschläge:

Der Wein „Creative Rosé“ weist bessere Lagerkennzahlen auf als der Gesamtbestand. Die Umschlagshäufigkeit ist um 2,34 höher und die Lagerdauer um rund 19 Tage niedriger.

Diese auf den ersten Blick bessere Situation trügt aber. Denn die besseren Kennzahlen sind auch auf die Null-Bestände im April, Juni und Juli zurückzuführen. Die besseren Kennzahlen werden also durch eine schlechte Verfügbarkeit erkauft. Die Folge sind entgangene Aufträge, Probleme bei der Vertragserfüllung und unzufriedene Kunden. Um dies zu vermeiden, müssen die Lagerbestände erhöht werden. Es ist auch zu überlegen, ob vom Bestellpunkt zum Bestellrhythmusverfahren mit ausreichend hohen Sicherheitsbeständen gewechselt werden sollte.

2.3

Von:	pruefling@genusswelt.de
An:	jasmin.rosner@genusswelt.de
Cc:	
Betreff:	Neuer Büroraum im Lager

Sehr geehrte Frau Rosner,

ich habe mir die Baupläne angesehen, und bin zu dem Entschluss gekommen, dass der Raum 2 aus den folgenden Gründen für das neue Büro sehr gut geeignet ist:

Der Raum
- ist nach der Arbeitsstättenrichtlinie mit 9 m^2 groß genug für ein Einzelbüro;
- hat ein ausreichendes Raumvolumen von mehr als 20 m^2;
- verfügt, im Gegensatz zu Raum 1, nicht über Installationen wie das Lüftungsrohr und erzeugt damit keine dauernden oder regelmäßig wiederkehrende Störungen;
- verfügt über zwei Außenfenster, somit kann durch (Stoß-)Lüften für eine angenehme Raumtemperatur gesorgt werden;
- wird durch die beiden Außenfenster mit natürlichem Licht versorgt;
- verfügt über eine Innentür in die Halle, dadurch kann man den Geräuschpegel aus der Halle senken;
- ermöglicht durch das zur Halle liegende Fenster eine gute Übersicht, insbesondere zur Ladefläche;
- bietet genügend Raumtiefe, um einen Tisch und Stuhl so zu stellen, dass dahinter ausreichend Platz besteht;
- kann durch den Umbau eines Fensters einen zusätzlichen Fluchtweg nach draußen bieten.

Ich hoffe, ich konnte Ihnen mit meiner Einschätzung behilflich sein.

Mit freundlichen Grüßen

Name Pruefling

10 Prüfungsaufgaben Winter 2022/2023

Aufgabe 1

1.1.1 Entscheidungsbewertungstabelle:

		Verita AG		MKK-Tex GmbH		Industrial Fibers Munich OHG	
	Gewichtung	Punkte	gewichtete Punkte	Punkte	gewichtete Punkte	Punkte	gewichtete Punkte
Wasserdichtigkeit	2	4	8	5	10	1	2
UV-Beständigkeit	2	4	8	5	10	1	2
Zuverlässigkeit (ISO 28000)	1	5	5	5	5	1	1
Nachhaltigkeit (ISO 20400)	1	5	5	5	5	1	1
Entfernung zum Lieferanten (Produktionsstandort)	1	5	5	4	4	3	3
		Summe	31	Summe	34	Summe	9

Punkte für die Bewertung der Kriterien: 1 = nicht erfüllt bis 5 = sehr gut erfüllt

Formelansicht:

		Verita AG		MKK-Tex GmbH		Industrial Fibers Munich OHG	
	Gewichtung	Punkte	gewichtete Punkte	Punkte	gewichtete Punkte	Punkte	gewichtete Punkte
Wasserdichtigkeit	2	4	=+$B7*C7	5	=+$B7*E7	1	=+$B7*G7
UV-Beständigkeit	2	4	=+$B8*C8	5	=+$B8*E8	1	=+$B8*G8
Zuverlässigkeit (ISO 28000)	1	5	=+$B9*C9	5	=+$B9*E9	1	=+$B9*G9
Nachhaltigkeit (ISO 20400)	1	5	=+$B10*C10	5	=+$B10*E10	1	=+$B10*G10
Entfernung zum Lieferanten (Produktionsstandort)	1	5	=+$B11*C11	4	=+$B11*E11	3	=+$B11*G11
		Summe	=SUMME(D7:D11)	Summe	=SUMME(F7:F11)	Summe	=SUMME(H7:H11)

Zeltwelt KG

naturverbunden – verantwortungsbewusst

Zeltwelt KG – Stuttgarter Straße 120 – 74211 Leingarten

MKK-Tex GmbH
Herrn Andreas Müller
Projensdorfer Straße 14
24106 Kiel

Ihr Zeichen:	am
Ihre Nachricht vom:	09.11.2022
Unser Zeichen:	<np>
Unsere Nachricht vom:	

Name:	<Prüfling>
Telefon:	07131 985-5011
Telefax:	07131 985-1010
E-Mail:	<pruefling>@zeltwelt.de
Datum:	11.11.2022

Anfrage Outprotex 5000 Select

Sehr geehrter Herr Müller,

vielen Dank für die Zusendung des Musterstückes. Es hat unseren Qualitätstest bestanden.

Daher bitten wir Sie um ein verbindliches Angebot für das Material Outprotex 5000 Select. Wir beabsichtigen ca 22.000 m^2 alle zwei Monate bei Ihnen zu bestellen. Die erste Lieferung benötigen wir bereits im Januar 2023.

Wir danken Ihnen bereits jetzt für Ihr zeitnahes Angebot.

Mit freundlichen Grüßen

Zeltwelt KG

i. A. <Prüfling>

1.2 Für das Zustandekommen eines Kaufvertrages benötigt es zwei inhaltlich übereinstimmende Willenserklärungen (Antrag und Annahme).

Das Angebot der Outtex KG **(Anlage 7)** ist ein bindendes Angebot und stellt somit einen Antrag dar (1. Willenserklärung).

Bei unserer Bestellung **(Anlage 8)** wurde das Angebot abgeändert, indem wir den Rabatt unsererseits erhöht haben (von 7 % auf 10 %) und ist somit keine Annahmeerklärung (§ 150 Abs. 2 BGB). Somit ist unsere Bestellung ein neuer Antrag (1. Willenserklärung). Dieser Antrag muss erst angenommen werden.

Die Auftragsbestätigung der Outtex KG vom 10.11.2022 beinhaltet den ursprünglichen Rabatt von 7 % und ist somit nicht inhaltlich übereinstimmend mit der Bestellung der Zeltwelt KG. Somit wurde auch dieser Antrag nicht angenommen. Entsprechend stellt diese Auftragsbestätigung erneut einen neuen Antrag dar.

Aktuell liegt kein gültiger Kaufvertrag vor.

1.3

Schriftstück	Art des Schriftstückes	Begründung der Wertstufe	Dauer bzw. Ende der Aufbewahrungsfrist
MKK-Tex Gmbh (Anlage 3) Industrial Fibers Munich OHG (Anlage 4) Verita AG (Anlage 5)	Informationsschreiben	Prüf- und Tageswert. Es handelt sich um unverbindliche Informationen. Sie können vernichtet werden, wenn die endgültige Entscheidung für einen bestimmten Lieferanten gefallen ist.	Vernichtung nach der Entscheidung
Ihr Ergebnis aus Aufgabe 1.1.2	Anfrage	Dies ist eine Aufforderung zur Abgabe eines Angebots und rechtlich nicht bindend. Das heißt, das Schriftstück besitzt Prüfwert und sollte bis zum Eingang des Angebotes aufbewahrt werden.	Vernichtung nach Erhalt des Angebots
Outtex KG (Anlage 7)	Angebot	a) Angebot mit möglicher Auftragsfolge, Gesetzeswert unklar b) Bei Zustandekommen Vertrag: 6 Jahre	a) offen b) 31.12.2028
Zeltwelt KG (Anlage 8)	Bestellung	dto.	dto.
Outtex KG (Anlage 9)	Auftragsbestätigung	dto.	dto.

Aufgabe 2

2.1

Kurzprotokoll Zeltwelt KG

Datum:	11.11.2022
Uhrzeit:	08:00 – 09:00 Uhr
Ort:	Büro Herr Hofmann
Teilnehmende:	Herr Hofmann, Geschäftsführer Frau Binsch, Abteilungsleiterin Verkauf Herr Huber, Abteilungsleiter Beschaffung Herr Muck, Abteilungsleiter Produktion Frau Schnabel, Abteilungsleiterin Controlling
Thema:	Probleme infolge von Lieferengpässen

Unser Lieferant für Zeltbodenstoff (einziger mit gutem Preis-Leistungs-Verhältnis) meldet aufgrund von Rohstoffknappheit einen aktuellen Lieferstopp von ca. zwei Monaten.

Dies bedeutet, dass nur noch zwei Wochen produziert werden kann.

Erschwerend kommt hinzu, dass auf der letzten Messe eine große Anzahl neuer Kunden bestellt hat.

Ergebnisse:
- Herr Huber klärt bis zur nächsten Sitzung mit der Produktentwicklung, ob andere Materialien für Zeltböden verwendet werden können.
- Frau Binsch kalkuliert die Verkaufspreise für die gesamte Produktpalette bis zur nächsten Sitzung.
- nächste Sitzung am Mittwoch, 16.11.2022, 08:00 Uhr

Ort, Datum: Leingarten, 11.11.2022	Unterschrift Protokollführer/-in: <Prüfling>
Gelesen und anerkannt Datum:	Unterschrift Geschäftsführer:

2.2 Kalkulation Zeltwelt KG

Geschäftskundenbereich

Artikel:	Campingkocher Gourmet Adria
Bisheriger Nettoverkaufspreis:	70,00 EUR
Gewinn:	30 %
Kundenskonto:	3 %
Kundenrabatt:	10 %
Selbstkosten neu:	55,00 EUR

		Euro/Stück	
	Selbstkosten	55,00	
+	Gewinn	16,50	= B15*B9
=	Barverkaufspreis	71,50	= SUMME(B15:B16)
+	Kundenskonto	2,21	= B10*B17/(1-B10)
=	Zielverkaufspreis	73,71	= SUMME(B17:B18)
+	Kundenrabatt	8,19	= B11*B19/(1-B11)
=	Nettoverkaufspreis	81,90	= SUMME(B19:B20)
Preissteigerung		17,0 %	= (B21-B8)/B8

2.3.1 Analyse der Rechtslage:

Fälligkeit:
Die Leistung war am 7. November fällig (10 Tage nach Auftragsbestätigung [28.10.2022]), § 271 Abs. 2 BGB.

Verzug:
ab 8. November, ersatzweise durch das Schreiben vom 11.11.2022

Prüfung der Notwendigkeit einer Mahnung:
Eine Mahnung durch den Kunden ist nicht notwendig, da sich der Lieferzeitpunkt nach dem Kalender berechnen lässt (§ 286 Abs. 2 Ziff.1 BGB).

Wir haben nicht fristgerecht geliefert und befinden uns im Lieferverzug.

Herr Beck kann nicht vom Vertrag zurücktreten. Wir sind zwar in Verzug, aber es wurde noch keine konkrete Nachfrist gesetzt (oder ist verstrichen).

2.3.2 **Antwort an den Kunden:**

An:	reiner.beck@beck-großhandel.de
Cc:	
Bcc:	
Betreff:	Verspätete Lieferung zum Auftrag AB221028KMK

Sehr geehrter Herr Beck,

es tut uns sehr leid, dass wir Ihren Auftrag nicht rechtzeitig ausführen konnten.

Die Ware steht im Auslieferungslager bereit. Die Lieferung wird noch heute veranlasst.

Wir verstehen Ihren Ärger und bitten Sie um Entschuldigung.

Mit freundlichen Grüßen

<Prüfling>

11 Prüfungsaufgaben Sommer 2023

Aufgabe 1

1.1

	A	B	C	D
1	Bestellmenge (*Hinweis: Die Bezugs-/Einstandspreise pro Stück sollen sich entsprechend der eingegebenen Bestellmenge anpassen.*)	1.000	Stück	
2				
3		Müller Sport GmbH	Schneewittchen Schoko GmbH	Uwes Schokoladenmeisterei e. K.
4	Listenpreis pro Tafel in Euro	1,11	1,05	1,16
5	Rabatt ab Menge in Stück	1.400,00	1.250,00	1.700,00
6	Rabatt in Prozent	10	3	15
7	Transport/Verpackung pauschal in Euro	65,00	89,00	20,00
8	Skonto in Prozent	2	3	–
9				
10				
11		Müller Sport GmbH	Schneewittchen Schoko GmbH	Uwes Schokoladenmeisterei e. K.
12	Listenpreis pro Tafel in Euro	1,11	1,05	1,16
13	– Lieferrabatt	–	–	–
14	= Zieleinkaufspreis	1,11	1,05	1,16
15	– Lieferskonto	0,02	0,03	–
16	= Bareinkaufspreis	1,09	1,02	1,16
17	+ Bezugskosten	0,07	0,09	0,02
18	= Bezugs-/Einstandspreis pro Tafel in Euro	1,15	1,11	1,18

Formeln:

	A	B	C	D
1	Bes	1000	Stück	
2				
3		Müller Sport GmbH	Schneewittchen Schoko GmbH	Uwes Schokoladen-meisterei e. K.
4	List	1,11	1,05	1,16
5	Rab	1400	1250	1700
6	Rab	10	3	15
7	Tra	65	89	20
8	Sko	2	3	0
9				
10				
11		Müller Sport GmbH	Schneewittchen Schoko GmbH	Uwes Schokoladen-meisterei e. K.
12	List	=B4	=C4	=D4
13	– Li	=WENN($B$1>=B5;B12*B6/100;0)	=WENN($B$1>=C5;C12*C6/100;0)	=WENN($B$1>=D5;D12*D6/100;0)
14	= Zi	=B12-B13	=C12-C13	=D12-D13
15	– Li	=B14*B8/100	=C14*C8/100	=C14*D8/100
16	= B	=B14-B15	=C14-C15	=D14-D15
17	+ B	=B7/$B$1	=C7/$B$1	=D7/$B$1
18	= B	=B16+B17	=C16+C17	=D16+D17

Notiz

Ergebnis des quantitativen Angebotsvergleichs:

- Bei einer Bestellmenge von 1.000 Stück Tafelschokoladen sollte die Schneewittchen Schoko GmbH gewählt werden (1,11 EUR/Tafelschokolade).
- Bei einer Bestellmenge von 1.500 Stück Tafelschokoladen sollte bei der Müller Sport GmbH bezogen werden (1,02 EUR/Tafelschokolade).
- Bei einer Bestellmenge von 1.750 Stück Tafelschokoladen entscheiden wir uns für Uwes Schokoladenmeisterei e. K. (1,00 EUR/Tafelschokolade).

(Ergänzend die Mengen 1.500 und 1.750 Stück:)

	A	B	C	D
1	Bestellmenge (*Hinweis: Die Bezugs-/ Einstandspreise pro Stück sollen sich entsprechend der eingegebenen Bestellmenge anpassen.*)	1.500	Stück	
2				
3		Müller Sport GmbH	Schneewittchen Schoko GmbH	Uwes Schokoladenmeisterei e. K.
4	Listenpreis pro Tafel in Euro	1,11	1,05	1,16
5	Rabatt ab Menge in Stück	1.400,00	1.250,00	1.700,00
6	Rabatt in Prozent	10	3	15
7	Transport/Verpackung pauschal in Euro	65,00	89,00	20,00
8	Skonto in Prozent	2	3	–
9				
10				
11		Müller Sport GmbH	Schneewittchen Schoko GmbH	Uwes Schokoladenmeisterei e. K.
12	Listenpreis pro Tafel in Euro	1,11	1,05	1,16
13	– Lieferrabatt	0,11	0,03	–
14	= Zieleinkaufspreis	1,00	1,02	1,16
15	– Lieferskonto	0,02	0,03	–
16	= Bareinkaufspreis	0,98	0,99	1,16
17	+ Bezugskosten	0,04	0,06	0,01
18	= Bezugs-/Einstandspreis pro Tafel in Euro	1,02	1,05	1,17

	A	B	C	D
1	Bestellmenge (*Hinweis: Die Bezugs-/ Einstandspreise pro Stück sollen sich entsprechend der eingegebenen Bestellmenge anpassen.*)	1.750	Stück	
2				
3		Müller Sport GmbH	Schneewittchen Schoko GmbH	Uwes Schokoladenmeisterei e. K.
4	Listenpreis pro Tafel in Euro	1,11	1,05	1,16
5	Rabatt ab Menge in Stück	1.400,00	1.250,00	1.700,00
6	Rabatt in Prozent	10	3	15
7	Transport/Verpackung pauschal in Euro	65,00	89,00	20,00
8	Skonto in Prozent	2	3	–
9				
10				
11		Müller Sport GmbH	Schneewittchen Schoko GmbH	Uwes Schokoladenmeisterei e. K.
12	Listenpreis pro Tafel in Euro	1,11	1,05	1,16
13	– Lieferrabatt	0,11	0,03	0,17
14	= Zieleinkaufspreis	1,00	1,02	0,99
15	– Lieferskonto	0,02	0,03	–
16	= Bareinkaufspreis	0,98	0,99	0,99
17	+ Bezugskosten	0,04	0,05	0,01
18	= Bezugs-/Einstandspreis pro Tafel in Euro	1,02	1,04	1,00

1.2

	A	B	C	D	E	F	G	H
1			**Müller Sport GmbH**		**Schneewittchen Schoko GmbH**		**Uwes Schokoladen-meisterei e. K.**	
2								
3	Auswahlkriterien	Gewichtung der Kriterien	Punkte[1]	gewichtete Punkte	Punkte[1]	gewichtete Punkte	Punkte[1]	gewichtete Punkte
4	Gütesiegel	35	3	105	4	140	5	175
5	Kakaoanteil	35	2	70	4	140	5	175
6	Verpackung	20	3	60	1	20	5	100
7	Bezugspreis	10	5	50	4	40	1	10
8	**Summe(Punkte)[2]**	**100**		**285**		**340**		**460**

[1] Für die Erfüllung der Kriterien können von 0 (nicht akzeptabel) bis 5 (sehr gut) Punkte vergeben werden.
[2] insgesamt 100 Punkte vergeben

Entscheidung: Die Entscheidung fällt zugunsten der Uwes Schokoladenmeisterei e. K. aus. Diese erhält die meisten Punkte in der Entscheidungswerttabelle.

Formeln:

	A	B	C	D	E	F	G	H
4	Gütesiegel	35	3	=$B4*C4	4	=$B4*E4	5	=$B4*G4
5	Kakaoanteil	35	2	=$B5*C5	4	=$B5*E5	5	=$B5*G5
6	Verpackung	20	3	=$B6*C6	1	=$B6*E6	5	=$B6*G6
7	Bezugspreis	10	5	=$B7*C7	4	=$B7*E7	1	=$B7*G7
8	**Summe(Punkte)[2]**	**=SUMME(B4:B7)**		**=SUMME(D4:D7)**		**=SUMME(F4:F7)**		**=SUMME(H4:H7)**

1.3

Schokotraum GmbH

Schokotraum GmbH – Gutenbergstr. 3 – 73119 Zell u. A.

Uwes Schokoladenmeisterei e. K.
Herrn Uwe Bloch
Mozartweg 20
73087 Bad Boll

Ihr Zeichen:	**ub**
Ihre Nachricht vom:	09.05.2023
Unser Zeichen:	<Prüfling>
Unsere Nachricht vom:	
Name:	<Prüfling>
Telefon:	07164 5438-0
Telefax:	07164 5438-20
E-Mail:	info@schokotraum.de
Datum:	10.05.2023

Bestellung

Sehr geehrter Herr Bloch,

vielen Dank für Ihr Angebot. Gerne bestellen wir folgendes Produkt zu den genannten Bedingungen:

Bezeichnung	Menge	Einzelpreis
Vegane Tafelschokolade, 70 % Kakaoanteil 100 g, Quinoa	1.500 Stück	1,16 EUR

Wir freuen uns auf eine gute Zusammenarbeit und bitten um schnellstmögliche Lieferung.

Mit freundlichen Grüßen

Schokotraum GmbH

i. A. Prüfling

1.4

<table>
<tr><td colspan="3" align="right">Schokotraum GmbH
Gutenbergstraße 3
73119 Zell u. A.</td></tr>
<tr><td colspan="3" align="center">Selbstauskunft Nachhaltigkeit</td></tr>
<tr><td>Firma</td><td colspan="2">Anschrift</td></tr>
<tr><td colspan="3">Wir bestätigen, dass unsere Produkte über folgende Siegel verfügen:
☐ Fairtrade-Siegel
☐ Bio-Siegel nach EG-Öko-Verordnung
☐ Ökolandbau-Siegel
☐ Rainforest-Alliance-Zertifizierungssiegel</td></tr>
<tr><td colspan="3">Außerdem verfügen wir über folgende weitere Zertifikate und Siegel:</td></tr>
<tr><td colspan="3">Unsere Verpackungsmaterialien bestehen zu ________ % aus nachhaltigen Materialien.</td></tr>
<tr><td>Stempel</td><td>Datum</td><td>Unterschrift</td></tr>
</table>

Aufgabe 2

2.1 **Optimale Bestellmenge:**

	A	B	C	D	E	F	G
1							
2	Jahresbedarf in Stück		3200				
3	Einstandspreis in Euro		31,50				
4	Bestellkosten in Euro		60,00				
5	Lagerkostensatz		6,50%				
6							
7							
8	Bestell-häufigkeit	Bestell-menge in Stück	Durchschn. Lager-bestand in Stück	Durchschn. Lager-bestand in Euro	Lager-kosten	Bestell-kosten	Gesamt-kosten
9	11	290,91	145,45	4.581,82 €	297,82 €	660,00 €	957,80 €
10	10	320,00	160,00	5.040,00 €	327,60 €	600,00 €	927,60 €
11	9	355,56	177,78	5.600,00 €	364,00 €	540,00 €	904,00 €
12	8	400,00	200,00	6.300,00 €	409,50 €	480,00 €	889,50 €
13	7	457,14	228,57	7.200,00 €	468,00 €	420,00 €	888,00 €
14	6	533,33	266,67	8.400,00 €	546,00 €	360,00 €	906,00 €
15	5	640,00	320,00	10.080,00 €	655,20 €	300,00 €	955,20 €
16	4	800,00	400,00	12.600,00 €	819,00 €	240,00 €	1.059,00 €
17	3	1.066,67	533,33	16.800,00 €	1.092,00 €	180,00 €	1.272,00 €

Ergebnis: Die optimale Bestellmenge liegt bei 457 Stück bei 7 Bestellungen im Jahr.

Formeln:

	A	B	C	D	E	F	G
8	Bestell-häufigkeit	Bestell-menge in Stück	Durchschn. Lager-bestand in Stück	Durchschn. Lager-bestand in Euro	Lager-kosten	Bestell-kosten	Gesamt-kosten
9	11	=$B$2/A9	=B9/2	=C9*$B$3	=D9*$B$5	=$B$4*A9	=E9+F9
10	10	=$B$2/A10	=B10/2	=C10*$B$3	=D10*$B$5	=$B$4*A10	=E10+F10
11	9	=$B$2/A11	=B11/2	=C11*$B$3	=D10*$B$5	=$B$4*A11	=E11+F11
12	8	=$B$2/A12	=B12/2	=C12*$B$3	=D10*$B$5	=$B$4*A12	=E12+F12
13	7	=$B$2/A13	=B13/2	=C13*$B$3	=D10*$B$5	=$B$4*A13	=E13+F13
14	6	=$B$2/A14	=B14/2	=C14*$B$3	=D10*$B$5	=$B$4*A14	=E14+F14
15	5	=$B$2/A15	=B15/2	=C15*$B$3	=D10*$B$5	=$B$4*A15	=E15+F15
16	4	=$B$2/A16	=B16/2	=C16*$B$3	=D10*$B$5	=$B$4*A16	=E16+F16
17	3	=$B$2/A17	=B17/2	=C17*$B$3	=D10*$B$5	=$B$4*A17	=E17+F17

Darstellung im Diagramm:

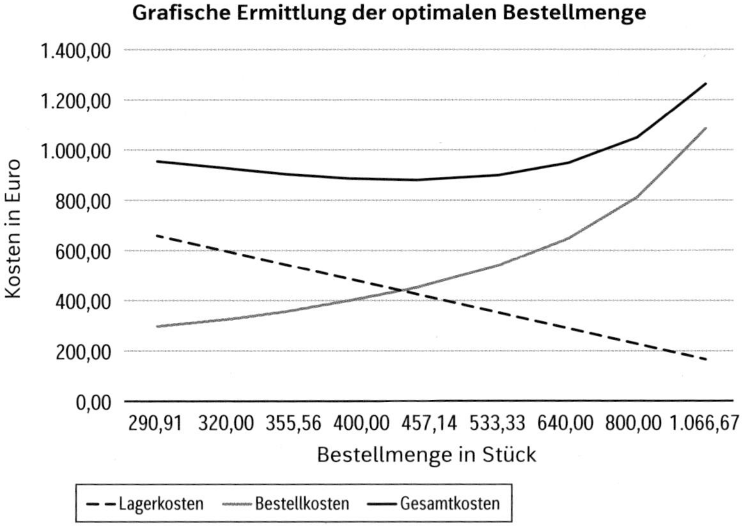

Faktoren, die die exakte Umsetzung der errechneten Bestellmenge erschweren, z. B.:

- Der Lieferant gibt eine Mindestabnahmemenge von 500 Stück vor. Laut berechneter optimaler Bestellmenge sollen je Bestellung jedoch 457 Stück bestellt werden. Hier müsste mit dem Lieferanten nachverhandelt werden.
- Das Modell der optimalen Bestellmenge funktioniert nur bei unveränderten Einstandspreisen, Lagerhaltungskostensätzen und Bestellkosten. Dies ist in der Praxis (z. B. aufgrund der Entwicklung von Rohstoffpreisen) jedoch kaum gegeben.
- Der Jahresbedarf muss bekannt sein. Aufgrund von Trends kann eine Jahresbedarfsprognose gerade bei Yoga-Zubehör schwierig sein.
- Der Höchstbestand im Lager beträgt 1.400 Stück. Bei der Umsetzung der optimalen Bestellmenge müssen Lagerkapazitäten berücksichtigt werden.

2.2 **Wir räumen unser Lager!**

Guten Tag, ...

für Ihre Studio-Ausstattung sind Sie noch auf der Suche nach einer Yogamatte?

Dann haben wir heute für Sie das ultimative Angebot:

Yogamatte FLOWER

Ein Basismodell, das mit seiner speziellen lasergravierten Textur für festen Halt sorgt. Ihre Kursteilnehmer/-innen finden mithilfe der Ausrichtungslinien immer die richtige Position für ihre Hände und Füße.

Für die Anschaffung dieser Yogamatte spricht die bequeme Reinigung in der Waschmaschine bei 30 °C.

Profitieren Sie von unserer Lagerräumung mit einem

Sonderpreis pro Stück: 12,00 EUR

Bei einer Abnahme von mindestens 50 Stück sind Lieferung und Verpackung kostenfrei.

Bestellen Sie noch heute solange der Vorrat reicht.

Mit freundlichen Grüßen

YogiWorld GmbH

12 Prüfungsaufgaben Winter 2023/2024

Aufgabe 1

1.1

MaToys Gmbh

Kurzprotokoll

Anlass:	Meeting
Datum:	(Prüfungstag) TT.MM.2023
Uhrzeit:	09:00 – 09:20 Uhr
Ort, Raum:	Sitzungsraum 3
Sitzungsleitung:	Herr Graubär, Geschäftsführer
Teilnehmende:	Herr Böll, Abteilungsleiter Verkauf
	Frau Kale, Abteilungsleiterin Einkauf
Protokollant:	<Prüfling>
Tagesordnung:	Problem beim Bezug des Plüsch-Jahresbären

In den letzten neun Jahren wurde der Plüsch-Jahresbär in China gefertigt. Seit 2022 gibt es aufgrund der Coronapandemie und den weltweiten Krisen in der Logistikbranche Lieferverzögerungen.

Durch diese Verzögerungen können wir unsere Liefertermine nicht einhalten. Die Einzelhändler sind verärgert, da die Nachfrage ihrer Kunden sehr groß ist.

Da die Kosten für den Transport stark gestiegen sind, ist die Herstellung in Deutschland vermutlich nicht mehr viel teurer. Auch legen die Käufer von Spielwaren inzwischen viel mehr Wert auf ökologisch und sozial verantwortlich hergestellte Produkte.

Frau Kale holt für die Produktion des Plüsch-Jahresbären 2025 Angebote bei deutschen Herstellern ein.

Die nächste Sitzung findet am (Prüfungstag + 2 Wochen) TT.MM.2023 um 10:30 Uhr statt.

Ort, Datum	Für die Richtigkeit	Protokollführung
(Prüfungstag) TT.MM.2023		*<Prüfling>*

1.2

Von:	<pruefling>@matoys.de
An:	verkauf@baerli.de
Cc:	
Bcc:	
Betreff:	Anfrage Plüsch-Jahresbär
Anhang:	

Sehr geehrte Damen und Herren,

für unseren jährlich aufgelegten Plüsch-Jahresbären suchen wir einen geeigneten Lieferanten für das Jahr 2025.

Aus ökologischen und sozialverträglichen Gründen wollen wir bei ausgewählten deutschen Herstellern einkaufen.

Wir haben folgende Vorstellungen:
- Größe: 30 cm
- Fell: Lammfell-Imitat in nussbraun (RAL 8011)
- Füllung: biologische Füllwatte
- Augen: Glasaugen (schwarz)
- Bekleidung: Trachtenlederhose (vergleichbar Oktoberfest, München)
- Stoffkörper waschbar (30 °C)
- Die Jahreszahl „2025“ soll unter der linken hinteren Tatze eingestickt sein (Farbe: weiß).

Sie können von einer Abnahmemenge von 10.000 Stück ausgehen.

Die Ware muss zwischen dem 31.01. und 28.02.2025 bei uns sein.

Wir erwarten Ihr Angebot zeitnah mit einem Probeexemplar des Stoffbären.

Freundliche Grüße

MaToys GmbH

<Prüfling>

E-Mail: <pruefling>@matoys.de
Internet: www.matoys.de
Telefon: 0621 199-439
Telefax: 0621 199-99

Anschrift/Sitz: Industriestraße 46, 68161 Mannheim
Geschäftsführer: Frederik Graubär
Handelsregister HRA B 96612/125

1.3.1

	Wasman KG		Spielwaren Groß OHG		Karlsruher Spielwarenfabrik GmbH	
Listeneinkaufspreis		49,00 €		51,00 €		55,00 €
– Lieferer-Rabatt	10 %	4,90 €	5 %	2,55 €	5 %	2,75 €
= Zieleinkaufspreis		44,10 €		48,45 €		52,25 €
– Lieferer-Skonto	2 %	0,88 €	2 %	0,97 €	2 %	1,05 €
= Bareinkaufspreis		43,22 €		47,48 €		51,21 €
+ Bezugskosten		1,20 €				
= Einstandspreis je Jubiläumsbär		44,42 €		47,48 €		51,21 €

Formeln:

	A	B	C	D	E	F	G
1							
2		Wasman KG		Spielwaren Groß OHG		Karlsruher Spielwarenfabrik GmbH	
3							
4	Listeneinkaufspreis		49		51		55
5	– Lieferer-Rabatt	0,1	=C3*B4	0,05	=E3*D4	0,05	=G3*F4
6	= Zieleinkaufspreis		=C3-C4		=E3-E4		=G3-G4
7	– Lieferer-Skonto	0,02	=C5*B6	0,02	=E5*D6	0,02	=G5*F6
8	= Bareinkaufspreis		=C5-C6		=E5-E6		=G5-G6
9	+ Bezugskosten		1,2				
10	= Einstandspreis je Jubiläumsbär		=SUMME(C7:C8)		=SUMME(E7:E8)		=SUMME(G7:G8)

1.3.2

		Wasman KG		Spielwaren Groß OHG		Karlsruher Spielwarenfabrik GmbH	
Entschei-dungskriterium	Gewichtung der Kriterien	Punkte	gewichtete Punkte	Punkte	gewichtete Punkte	Punkte	gewichtete Punkte
Preis	25	5	125	3	75	1	25
Nachhaltigkeit	30	2	60	3	90	5	150
Lieferzeit	30	5	150	1	30	4	120
Service	15	1	15	3	45	5	75
Summe (Punkte)	**100**		**340**		**240**		**370**

Hinweis: Für die Bewertung der Entscheidungskriterien können Punkte von 1 (sehr schlecht) bis 5 (sehr gut) vergeben werden.

Formeln:

	A	B	C	D	E	F	G	H
1								
2			Wasman KG		Spielwaren Groß OHG		Karlsruher Spielwarenfabrik GmbH	
3								
4	Entschei-dungskrite-rium	Gewichtung der Kriterien	Punkte	gewichtete Punkte	Punkte	gewichtete Punkte	Punkte	gewichtete Punkte
5	Preis	25	5	=B5*C5	3	=B5*E5	1	=B5*G5
6	Nachhaltig-keit	30	2	=B6*C6	3	=B6*E6	5	=B6*G6
7	Lieferzeit	30	5	=B7*C7	1	=B7*E7	4	=B7*G7
8	Service	15	1	=B8*C8	3	=B8*E8	5	=B8*G8
9	**Summe (Punkte)**	**100**		**=SUMME (D5:D8)**		**=SUMME (F5:F8)**		**=SUMME (H5:H8)**

1.4

Von:	<pruefling>@matoys.de
An:	ulrich@ksf.de
Cc:	
Bcc:	
Betreff:	Bestellung Plüsch-Jahresbär 2025
Anhang:	

Sehr geehrte Frau Ulrich,

vielen Dank für Ihr Angebot vom 27. November 2023.

Gerne nehmen wir Ihr Angebot an.

Wir bestellen 10.000 Plüsch-Jahresbären 2025 zum angebotenen Preis.

Wir erwarten Ihre Lieferung bis zum 25. Februar 2025.

Freundliche Grüße

<Prüfling>

E-Mail: <pruefling>@matoys.de
Internet: www.matoys.de
Telefon: 0621 199-439
Telefax: 0621 199-99

Anschrift/Sitz: Industriestraße 46, 68161 Mannheim
Geschäftsführer: Frederik Graubär
Handelsregister HRA B 96612/125

Aufgabe 2

2.1

	A	B	C
1			
2	**Verkaufspreiskalkulation**		
3			
4	**Schema**	**Prozent**	**Betrag**
5	= Selbstkosten		22,10 €
6	+ Gewinnzuschlag	40 %	8,84 €
7	= Barverkaufspreis		30,94 €
8	+ Kundenskonto	2 %	0,63 €
9	= Zielverkaufspreis		31,57 €
10	+ Kundenrabatt	5 %	1,66 €
11	= Nettoverkaufspreis		33,23 €

Formeln:

	A	B	C
1			
2	**Verkaufspreiskalkulation**		
3			
4	**Schema**	**Prozent**	**Betrag**
5	= Selbstkosten		22,1
6	+ Gewinnzuschlag	0,4	=C5*B6
7	= Barverkaufspreis		=C5+C6
8	+ Kundenskonto	0,02	=C7*B8/(100%-B8)
9	= Zielverkaufspreis		=C7+C8
10	+ Kundenrabatt	0,05	=C9*B10/(100%-B10)
11	= Nettoverkaufspreis		=C9+C10

MaToys GmbH

Spielzeug mit Spaß und Qualität

Ihr Zeichen:	
Ihre Nachricht:	10.11.2023
Unser Zeichen:	<Prüfling>
Unsere Nachricht:	
Name:	<Prüfling>
Telefon:	0621 199-0
Telefax:	0621 199-99
E-Mail:	<pruefling>@matoys.de
Internet:	www.matoys.de
Datum:	10.11.2023

MaToys GmbH – Industriestr. 46 – 68161 Mannheim
Meister Petz e. K.
Herrn Franz Eber
Ahornweg 13
67346 Speyer

Angebot Teddybär „Marek“

Sehr geehrter Herr Eber,

vielen Dank für Ihre telefonische Anfrage bei unserem Verkaufsleiter Herrn Böll von heute Morgen.

Gerne bieten wir Ihnen folgenden Artikel an:

Teddybär „Marek“
50 Stück
zum Einzelpreis 33,23 EUR
Ihr Rabatt: 5 %
Liefertermin: sofort nach Auftragseingang

Lieferbedingung: frei Haus
Zahlungsbedingung: innerhalb 10 Tagen 2 % Skonto, 30 Tage Ziel

Über einen Auftrag freuen wir uns.

Mit freundlichen Grüßen

MaToys GmbH

i. A. <Prüfling>

MaToys GmbH Geschäftsführer Frederik Graubär	Industriestraße 46 68161 Mannheim info@matoys.de www.matoys.de	Sparkasse Rhein-Neckar Nord BIC MANSDE66XXX IBAN DE22 6705 0505 0000 2800 33	VR Bank Rhein-Neckar eG BIC GENODE61MA2 IBAN DE93 6709 0000 0000 0280 99	Amtsgericht Handelsregister USt-IdNr.	Mannheim B 96612/125 DE 19862733

2.2 Nach § 437 Nr. 1 BGB kann der Kunde, wenn die Sache mangelhaft ist, Nacherfüllung nach § 439 BGB verlangen. Nach § 439 Abs. 1 BGB kann der Kunde nach seiner Wahl die Lieferung einer mangelfreien Sache oder die Beseitigung des Mangels (Reparatur) verlangen.

Die Forderung des Kunden, Herrn Eber, zur Rückzahlung des Kaufpreises, entspricht einem Rücktritt vom Kaufvertrag. Dieses Recht besteht erst nach erfolgloser, zweimaliger Nacherfüllung (§ 440 BGB).

Aufgabe 3

Vorteile für ein DMS	Nachteile für ein DMS
• Kollegen und Kolleginnen können an verschiedenen Standorten arbeiten und auf die gleichen Dokumente zugreifen. • Informationen können jederzeit schnell gesucht und gefunden werden. • Dokumente können nicht mehr verloren gehen, weil sie eingescannt, digital abgelegt und durch Stichwortsuche wiedergefunden werden. • Fälligkeitstermine (z. B. Zahlungstermine) können automatisiert angezeigt und gemeldet werden.	• In Bezug auf die Betriebsgröße sind die Anschaffung und die Implementierung relativ teuer. • Da keine IT-Abteilung vorhanden ist, muss die Realisation des Systems vollständig extern vergeben werden.

13 Prüfungsaufgaben Sommer 2024

Aufgabe 1

1.1 ***Lernfeld 2:***
Sie bereiten Sitzungen und Besprechungen nach, dokumentieren diese, insbesondere in Form von Protokollen.

<table>
<tr><td colspan="3" align="right">GS
GmbH</td></tr>
<tr><td colspan="3">Kurzprotokoll</td></tr>
<tr><td>Datum:</td><td colspan="2">7. Mai 2024</td></tr>
<tr><td>Uhrzeit:</td><td colspan="2">10:00 – 10:30 Uhr</td></tr>
<tr><td>Ort:</td><td colspan="2">Büro Frau Grimm, Geschäftsleitung</td></tr>
<tr><td>Teilnehmende:</td><td colspan="2">Frau Karin Grimm, Geschäftsleitung
Frau Carola Faber, Leitung Abteilung QM
Herr Michael Keller, Schulungsleitung
Herr Dirk Weber, Schulungsleitung</td></tr>
<tr><td>Thema:</td><td colspan="2">veraltete Computerausstattung</td></tr>
<tr><td colspan="2">Inhalt</td><td>Zuständig:</td></tr>
<tr><td colspan="2">Frau Grimm verweist auf die Auswertungsergebnisse der letzten Rückmeldungen und stellt fest, dass sich viele Schulungsteilnehmende über die veraltete Computerausstattung beklagten. Frau Faber belegt die Aussage durch Auswertungsergebnisse:
• 85 % der Schulungsteilnehmenden sind unzufrieden mit dem erzielten Schulungsergebnis.
• Davon gaben 90 % an, dass sie sich neuere Laptops bei der Schulung gewünscht hätten.

Es wird festgestellt, dass neue Laptops angeschafft werden müssen. Bei einem weiteren Besprechungstermin soll über die Anschaffung der Laptops entschieden werden.</td><td></td></tr>
<tr><td colspan="2">Zu diesem Termin wird Herr Julian Speicher (IT-Abteilung) beauftragt, eine entsprechende Spezifikation zu erarbeiten und vorzustellen.</td><td>Grimm</td></tr>
<tr><td colspan="2">Nächster Besprechungstermin: 21. Mai, 13:00 Uhr–14:00 Uhr (Büro Frau Grimm)</td><td>Prüfling</td></tr>
<tr><td colspan="2">Die Einladung hierzu erfolgt zeitnah per Mail.</td><td></td></tr>
</table>

Ort:	Datum:
Für die Richtigkeit:	
____________________	____________________
Geschäftsführerin	Protokollant/-in

1.2 ***Lernfeld 3:***
Die Schülerinnen und Schüler kommunizieren ziel- [...][-]orientiert [...].

An:	karin.grimm@grimm-schulung.de; julian.speicher@grimm-schulung.de; michael.keIIer@grimm-schulung.de; dirk.weber@grimm-schulung.de
Cc:	
Betreff:	Besprechung Neuanschaffung Laptops

Hallo Frau Grimm,
hallo die Herren,

zur Besprechung am 21. Mai um 13:00 Uhr im Büro von Frau Grimm laden wir Sie ein.

Tagesordnungspunkte:
1. Spezifikation für neue Laptops durch Herrn Speicher
2. Entscheidung über die Beschaffung neuer Laptops

Mit freundlichen Grüßen

Prüfling

1.3 ***Lernfeld 4:***
Die Schülerinnen und Schüler bewerten und vergleichen eingehende Angebote nach quantitativen und qualitativen Kriterien mithilfe der Nutzwertanalyse und setzen dafür ein Tabellenkalkulationsprogramm ein.

	A	B	C
1	**Angebotsvergleich**		
2			
3			
4			
5	**Daten**		
6			
7		**Klerin GmbH**	**Münz-Hardware GmbH**
8	Bedarf in Stück:	20	20
9	Listeneinkaufspreis (in Euro) je Stück:	759,29	699,99
10	Lieferantenrabatt in %:	9	0
11	Lieferantenskonto in %:	3	2,5
12	Lieferkosten pauschal in Euro:	29,99	4,99
13	Lieferkosten pro Stück in Euro:		
14			
15			
16	**Berechnung**		
17			
18		**Preis pro Stück in Euro**	**Preis pro Stück in Euro**
19	Listeneinkaufspreis	759,29	699,99
20	Lieferantenrabatt	68,34	0,00
21	Zieleinkaufspreis	690,95	699,99
22	Lieferantenskonto	20,73	17,50
23	Bareinkaufspreis	670,23	682,49
24	Bezugskosten	1,50	4,99
25	Einstandspreis	671,72	687,48

Formeln:

16	**Berechnung**		
17			
18		**Preis pro Stück in Euro**	**Preis pro Stück in Euro**
19	Listeneinkaufspreis	=B9	=C9
20	Lieferantenrabatt	=B19*B10/100	=C19*C10/100
21	Zieleinkaufspreis	=B19-B20	=C19-C20
22	Lieferantenskonto	=B21*B11/100	=C21*C11/100
23	Bareinkaufspreis	=B21-B22	=C21-C22
24	Bezugskosten	=WENN(B12>0;B12/B8;B13)	=WENN(C12>0;C12/C8;C13)
25	Einstandspreis	=B23+B24	=C23+C24

1.4 ***Lernfeld 4:***
Sie bestellen auch online Sachgüter und Dienstleistungen bei ausgewählten Lieferanten und schließen Verträge (Kaufvertrag, Mietvertrag, Werkvertrag, Dienstvertrag) ab.

GS GmbH

GS GmbH | Widmaierstraße 97 | 70567 Stuttgart

Klerin GmbH
Frau Anna Klerin
Heckentalstraße 86
89518 Heidenheim

Ihr Zeichen:	
Ihre Nachricht vom:	10.06.2024
Unser Zeichen:	Prüfling
Unsere Nachricht vom:	
Name:	Prüfling
Telefon:	0711 99123-0
Telefax:	0711 99123-20
E-Mail:	info@grimm-schulung.de
Datum:	

Bestellung

Sehr geehrte Frau Klerin,

vielen Dank für das telefonische Angebot vom 10. Juni 2024.

Wir bestellen 20 Laptops (laut Spezifikation) zu den von Ihnen genannten Konditionen.

Listenpreis:	759,29 EUR/Stück
Mengen-Rabatt:	9%
Zahlungsziel:	30 Tage netto, 3% Skonto bei Zahlung innerhalb von 14 Tagen
Lieferbedingungen:	ab Werk
Lieferpauschale:	29,99 EUR
Lieferzeit:	spätestens 1 Woche nach Auftragseingang

Für eine pünktliche Lieferung bedanken wir uns im Voraus.

Mit freundlichen Grüßen

Grimm-Schulung GmbH

i. A. Prüfling

Hausanschrift:	**Kommunikationsdaten:**	**Geschäftsführerin:**	**Gerichtsstand Stuttgart**	**Bankverbindung:**
GS GmbH	Telefon: 0711 99123-0	Karin Grimm	**HRA** 3380 Stuttgart	Stuttgarter Vereinsbank
Widmaierstr. 97	Telefax: 0711 98123-20		**Steuer-Nr.:** 1430671722	IBAN DE89 3704 0044
70567 Stuttgart	E-Mail: info@grimm-schulung.de		**USt.-IdNr.:** DE 183631402	0532 0130 00
				SWIFT-Code 1122 49 22 123

Aufgabe 2

2.1 ***Lernfeld 4:***
Die Schülerinnen und Schüler ermitteln den Bedarf an betriebsnotwendigen Gütern und beachten dabei das ökonomische Prinzip sowie Aspekte des nachhaltigen Wirtschaftens.

	A	B	C	D	E	F	G	H
1	**Lagerdaten in Stück**	**Teile-nummer**		**2501**	**2502**	**2503**	**2504**	**1501**
2		Bezeich-nung		Rück-wand	Seitenteil	Boden	Verbin-dungsset	Regal „Toronto“
3		Lagerbe-stand		150	95	75	125	15
4		Sicher-heitsbe-stand		20	10	12	25	10
5		reservier-te Menge		15	0	8	10	10
6		Menge in Bestel-lung		5	15	11	4	20
7								
8								
9								
10	**Stückliste Regal „Toronto“**	**Teile-nummer**		**2501**	**2502**	**2503**	**2504**	
11		Bezeich-nung		Rück-wand	Seitenteil	Boden	Verbin-dungsset	
12		Einheit		Stück	Stück	Stück	Stück	
13		Menge		1	2	3	1	
14								
15								
16								
17	**Bedarfsermittlung Teile Regal „Toronto“**							
18	**Teilenum-mer**	**1501**		**2501**	**2502**	**2503**	**2504**	
19	Bezeichnung	Regal „Toronto“		Rück-wand	Seitenteil	Boden	Verbin-dungsset	
20	Mengenbe-zeichnung	Stück		Stück	Stück	Stück	Stück	

21	Bruttobedarf	200		185	370	555	185
22	Lagerbestand	15		150	95	75	125
23	Sicherheitsbestand	10		20	10	12	25
24	reservierte Menge	10		15	0	8	10
25	Menge in Bestellung	20		5	15	11	4
26	Nettobedarf	185		65	270	489	91

Formelansicht:

	A	B	C	D	E	F	G
17	**Bedarfsermittlung Teile Regal „Toronto“**						
18	**Teilenummer**	**1501**		**2501**	**2502**	**2503**	**2504**
19	Bezeichnung	Regal „Toronto“		Rückwand	Seitenteil	Boden	Verbindungsset
20	Mengenbezeichnung	Stück		Stück	Stück	Stück	Stück
21	Bruttobedarf	200		=$B$26*D13	=$B$26*E13	=$B$26*F13	=$B$26*G13
22	Lagerbestand	=H3		=D3	=E3	=F3	=G3
23	Sicherheitsbestand	=H4		=D4	=E4	=F4	=G4
24	reservierte Menge	=H5		=D5	=E5	=F5	=G5
25	Menge in Bestellung	=H6		=D6	=E6	=F6	=G6
26	Nettobedarf	=B21-B22 +B23+B24-B25		=D21-D22 +D23+D24-D25	=E21-E22 +E23+E24-E25	=F21-F22 +F23+F24-F25	=G21-G22 +G23+G24-G25

2.2 ***Lernfeld 3:***
Die Schülerinnen und Schüler führen mithilfe eines Tabellenkalkulationsprogramms (Aufbau und Formatierung von Tabellen, Einsatz einfacher Funktionen und Formeln sowie geeignete Zelladressierungen) einfache Preisberechnungen durch.

	A	B	C	D
1		Verkaufskalkulation		
2		**Artikel:**		**Regal „Toronto“**
3		Selbstkosten bisher (in Euro)		19,82
4		Erhöhung (in %)		17
5		Selbstkostenerhöhung (in Euro)		3,37
6				
7				
8			%	Euro
9	=	Selbstkosten neu		23,19
10	+	Gewinnzuschlag	35	8,12
11	=	Barverkaufspreis		31,31
12	+	Kundenskonto	2	0,64
13	=	Zielverkaufspreis		31,94
14	+	Kundenrabatt	8	2,78
15	=	Nettoverkaufspreis		34,72

Formeln:

	A	B	C	D
1		**Verkaufskalkulation**		
2		**Artikel:**		**Regal „Toronto“**
3		Selbstkosten bisher (in Euro)		19,82
4		Erhöhung (in %)		17
5		Selbstkostenerhöhung (in Euro)		=D3*D4/100
6				
7				
8			%	Euro
9	=	Selbstkosten neu		=D3+D5
10	+	Gewinnzuschlag	35	=D9*C10/100
11	=	Barverkaufspreis		=D9+D10
12	+	Kundenskonto	2	=D11/(100-C12)*C12
13	=	Zielverkaufspreis		=D11+D12
14	+	Kundenrabatt	8	=D13/(100-C14)*C14
15	=	Nettoverkaufspreis		=D13+D14

2.3 ***Lernfeld 3:***
Bei der Kommunikation mit Kunden setzen sie die Leistungskomponenten von Textverarbeitungsprogrammen zum bedarfsgerechten und rationellen Entwickeln und Gestalten von Formularen [...] ein.

	Exornare GmbH
Gewinnspiel	
Teilnehmerangaben	
Nachname	Vorname
Straße, Hausnummer	PLZ, Ort
Geburtstag (Spielteilnahme erst ab 18 Jahren!)	E-Mail-Adresse
Das Lösungswort lautet:	
Im Falle eines Gewinnes wünsche ich mir:	
□ Glaswindlicht „Moonlight“	
□ Blumenvase „Coletti“	
□ Blumenampel „Flowerful“	
□ Einkaufsgutschein in Höhe von 10,00 EUR	
Hinweis: Gewinne werden per Post zugestellt.	
Datenschutz	
□ Ich bin mit der Verarbeitung und Speicherung meiner Daten zu Angebotszwecken einverstanden.	
Datum	Ort
Unterschrift	

14 Prüfungsaufgaben Winter 2024/2025

Aufgabe 1

1.1

Moser SPORT GmbH
Sportgeräte-Profi

Hausmitteilung

An	**Datum**
Herrn Moser	06.11.2024
Von	
<Prüfling>	
Betreff	
Anfrage PowerGym GmbH	

Guten Tag Herr Moser,

ich habe die Anfrage der PowerGym GmbH geprüft und komme zu folgendem Ergebnis:

Wir sollten ein Angebot abgeben, weil:

1. Artikel im Programm? Ja, laut Artikelstammdaten führen wir die angefragte Hantelbank im Programm.
2. Neuer Kunde? Ja, die PowerGym ist noch nicht in unseren Kundenstammdaten hinterlegt.
3. Zahlungsfähigkeit gegeben? Ja, die Abteilung Rechnungswesen hat diese geprüft und nichts zu beanstanden.
4. Lagerbestand ausreichend? Ja, laut Lagerkarte haben wir noch 12 Stück auf Lager.

Viele Grüße

Prüfling

1.2.1 *Operator „vervollständigen": eine Vorlage durch sachgerechte Angaben ergänzen*

Kundendatei:

Kunde	Kd.-Nr.	PLZ	Ort	Straße	Bezugskosten	Skonto	Rabatt	Ansprechpartner	E-Mail-Adresse
Seefit GmbH	001	78462	Konstanz	Petersstraße 7	L00	S03	R08	Frau Kern	info@Seefit.de
Fitnesslevel OHG	002	78628	Rottweil	Villinger Str. 20	L04	S03	R08	Herr Stolz	Klaus.Stolz@Fitnesslevel.com
Muskelbox KG	003	88605	Meßkirch	Waldstraße 10	L04	S00	R08	Frau Marte	Muskelbox.KG@webi.de
PowerGym GmbH	004	78187	Geisingen	Bornauer Str. 17	L00	S03	R08	Herr Weggenmann	Weggenmann@powergym.de

1.2.2 Verkaufspreisberechnung für Neukunden:

Produkt:	**Hantelbank**
Angefragte Menge in Stück:	12
Gewinnzuschlag in Prozent:	30
Selbstkosten in Euro:	160,00
Rabatt in Prozent:	8
Skontoabzug in Prozent:	

Schema Berechnung Neuverkaufspreis:

		Kalkulation pro Stück aus angefragter Menge in Euro
	Selbstkosten	160,00
+	Gewinnzuschlag	48,00
=	Barverkaufspreis	208,00
+	Kundenskonto	6,43
=	Zielverkaufspreis	214,43
+	Kundenrabatt	18,65
=	Listenverkaufspreis netto	233,08

Formeln:

		Kalkulation pro Stück aus angefragter Menge in Euro
	Selbstkosten	=B9
+	Gewinnzuschlag	=B19*B7/100
=	Barverkaufspreis	=SUMME(B19:B20)
+	Kundenskonto	=B21*B13/(100-B13)
=	Zielverkaufspreis	=SUMME(B21:B22)
+	Kundenrabatt	=B23*B11/(100-B11)
=	Listenverkaufspreis netto	=SUMME(B23:B24)

1.2.3

Moser SPORT GmbH
Sportgeräte-Profi

Moser SPORT GmbH – Goethestr. 28 – 78315 Radolfzell
PowerGym GmbH
Herrn Weggenmann
Bernauer Str. 17
78185 Geisingen

Ihr Zeichen: we
Ihre Nachricht vom: 05.11.2024
Unser Zeichen: <Prüfling>

Name: <Prüfling>
Telefon: 07732 8897-12
Telefax: 07732 8897-14
E-Mail: <Prüfling>@mosersport-gmbh.de

Datum: 08.11.2024

Angebot – Ihre Anfrage Hantelbank „shape 300“

Sehr geehrter Herr Weggenmann,

vielen Dank für Ihre Anfrage. Wir freuen uns, Ihnen folgendes Angebot unterbreiten zu können:

Pos	Art.-Nr.	Artikel	Einzelpreis	Menge in Stück	Gesamt (netto)
1	2569	Hantelbank „shape 300“	233,08 EUR	12	2.796,96 EUR

Die Lieferung erfolgt frei Haus am 29.11.2024.

Wir gewähren Ihnen einen Rabatt von 8 %. Die Rechnung ist zahlbar innerhalb von 7 Tagen mit 3 % Skonto oder innerhalb 30 Tagen ohne Abzug.

Bei Fragen stehen wir Ihnen gerne zur Verfügung.

Freundliche Grüße

Moser SPORT GmbH

i. A. <Prüfling>

1.2.4 *Operator „erläutern": einen Sachverhalt durch zusätzliche Informationen oder Beispiele einsichtig machen, veranschaulichen/verdeutlichen*

Notizen ✎

Moser SPORT GmbH
Sportgeräte-Profi

Es ist noch kein Kaufvertrag zustande gekommen, da die Menge aus dem Angebot auf 16 Hantelbänke abgeändert wurde. Es liegen keine 2 übereinstimmende Willenserklärungen vor.

Die Bestellung der PowerGym vom 08.11.2024 stellt einen neuen Antrag dar.

Die Bestellung der PowerGym GmbH vom 08.11.2024 über 16 Stück lieferbar bis zum 29.11.2024 können wir so nicht annehmen, da wir nur 12Hantelbänke bis zum 29.11.2024 haben.

Jede sachgerechte Reaktion von uns (keine Ablehnung) stellt ein neuer Antrag dar.

Operator „formulieren“: ein Ergebnis, einen Standpunkt oder eine Frage knapp, präzise und in eigenen Worten zum Ausdruck bringen

An:	Weggenmann@powergym.de
Betreff:	Bestellung 08.11.2024
Anhang:	

Sehr geehrter Herr Weggenmann,

vielen Dank für Ihre E-Mail. Gerne liefern wir Ihnen 12 Hantelbänke „shape 300“ zum genannten Liefertermin. Die übrigen 4 Hantelbänke können wir in 5 Wochen nachliefern.[1]

Die übrigen Bedingungen gelten weiterhin.

Bitte geben Sie uns Bescheid.

Viele Grüße

<Prüfling>

[1] *Alternativlösung:*
Unser aktueller Lagerbestand reicht für diese Menge nicht aus, wir müssen bei unserem Lieferanten nachbestellen. Wir könnten die gewünschte Gesamtbestellmenge von 16 Hantelbänken „shape 300“ somit in frühestens 5 Wochen liefern.

Aufgabe 2

2.1 *Lehrplanbezug (LF 4): „Die Schülerinnen und Schüler bestimmen [...] die optimale Bestellmenge.“*
(Operator) „berechnen“: Aufgaben anhand vorgegebener Daten und Sachverhalte mit bekannten Operationen lösen

Lehrplanbezug (LF 4): „Die Schülerinnen und Schüler beurteilen die Beschaffungsprozesse [...] und zeigen begründete Möglichkeiten ihrer Optimierung auf.“
(Operator) „ableiten“: auf der Grundlage vorhandener/bekannter Ergebnisse eigene Schlussfolgerungen ziehen

Formelanzeige siehe Anlage 1.

Optimale Bestellmege für Kaffetassen Artikel 874567:

Jahresbedarf in Stück	12.000
Lagerkostensatz in %	10
Kosten pro Kaffetasse in Euro	8,90
Kosten je Bestellung in Euro	250,00

Bestell-häufigkeit je Jahr	Bestell-menge in Stück	Durch-schnittli-cher Lager-bestand in Stück	Durch-schnittli-cher Lager-bestand in Euro	Lagerhal-tungskos-ten in Euro	Bestell-kosten in Euro	Gesamt-kosten in Euro
1	12.000	6.000	53.400,00	5.340,00	250,00	5.590,00
2	6.000	3.000	26.700,00	2.670,00	500,00	3.170,00
3	4.000	2.000	17.800,00	1.780,00	750,00	2.530,00
4	3.000	1.500	13.350,00	1.335,00	1.000,00	2.335,00
5	2.400	1.200	10.680,00	1.068,00	1.250,00	2.318,00
6	2.000	1.000	8.900,00	890,00	1.500,00	2.390,00
7	1.714	857	7.629,00	763,00	1.750,00	2.513,00
8	1.500	750	6.675,00	668,00	2.000,00	2.668,00
9	1.333	667	5.933,00	593,00	2.250,00	2.843,00
10	1.200	600	5.340,00	534,00	2.500,00	3.034,00
11	1.091	545	4.855,00	485,00	2.750,00	3.235,00
12	1.000	500	4.450,00	445,00	3.000,00	3.445,00

Bestellvorschlag:
Die Lagerkapazität für Kaffeetassen beträgt maximal 1.500 Stück. Zu beachten ist, dass wir einen Mindestbestand von 100 Stück haben und deshalb eine „Anlieferung" maximal 1.400 Stück sein darf. Aus diesem Grund wird empfohlen, neunmal im Jahr mit jeweils 1.333 Kaffeetassen zu bestellen. Die Beschaffungskosten belaufen sich dabei auf 2.843,00 EUR.

2.2

Bodensee-Marketing GmbH

Bodensee-Marketing GmbH · Gottliebstr. 1 · 78467 Konstanz

Werbealarm GmbH
Max-Weber-Straße 4
97080 Würzburg

Ihr Zeichen:
Ihre Nachricht vom: 07.11.2024
Unser Zeichen: prue
Unsere Nachricht vom: 29.10.2024

Name: Prüfling
Telefon: 07531 62745-30
Telefax: 07531 62745-60
E-Mail: pruefling@bodensee-marketing.de

Datum: 08.11.2024

Mängelrüge
Lieferschein Nr.: 1320

Sehr geehrte Frau Müller,

vielen Dank für die heutige Lieferung.

Bei der Wareneingangskontrolle haben wir festgestellt, dass bei 50 der 400 Tassen die Aufschrift „Bodensee“ nicht in der Farbe Blau, sondern in der Farbe Schwarz gedruckt ist.

Bitte liefern Sie uns diese 50 Tassen so schnell wie möglich nach.

Vielen Dank für die rasche Bearbeitung.

Mit freundlichen Grüßen

Bodensee-Marketing GmbH

i. A. Prüfling

Bodensee-Marketing GmbH
Gottliebstr. 1
D-78467 Konstanz

Amtsgericht Konstanz
HRB-Nr: 382113
USt-IdNr.: DE143295113

IBAN: DE35 6925 0035 0004 8921 70
Sparkasse Hegau-Bodensee

Geschäftsführerin
Sabine Werner

Telefon: +49 (0) 7531 62745-30
Telefax: +49 (0) 7531 62745-60
E-Mail: info@bodensee-marketing.de

2.3

Bodensee-Marketing GmbH

Bestellung
Kaffeetasse „Bodensee“

Angaben Unternehmen	
Firma:	
Ansprechpartner/-in:	
Straße:	
PLZ:	
Ort:	
Telefon:	
E-Mail:	
Angaben Produkt	
Artikel:	Kaffeetasse mit Aufschrift „Bodensee“
Artikelnummer:	874567
Stückpreis:	15,00 EUR
Menge: (min. 50 Stück)	
Lieferung bis:	
Ort, Datum	Unterschrift/Stempel

2.4

Online-Überweisung	
Zahlungsempfänger:* Name, Vorname/Firma	Werbealarm GmbH
IBAN:*	**DE42 5002 0517 5435 4764 04**
Betrag:* EUR	**4.443,22**
Verwendungszweck: *	**Rechnung-Nr. DE233116215**
Datum:* Ausführungstag	15.11.2024

Anlage 1

Optimale Bestellmege für Kaffetassen Artikel 874567

Jahresbedarf in Stück	12000
Lagerkostensatz in %	10
Kosten pro Kaffetasse in Euro	8,9
Kosten je Bestellung in Euro	250

Bestellhäufigkeit je Jahr	Bestellmenge in Stück	Durchschnittlicher Lagerbestand in Stück	Durchschnittlicher Lagerbestand in Euro	Lagerhaltungskosten in Euro	Bestell-kosten in Euro	Gesamtkosten in Euro
1	=$C$4/A10	=B10/2	=C10*$C$6	=D10*$C$5/100	=A10*$C$7	=E10+F10
2	=$C$4/A11	=B11/2	=C11*$C$6	=D11*$C$5/100	=A11*$C$7	=E11+F11
3	=$C$4/A12	=B12/2	=C12*$C$6	=D12*$C$5/100	=A12*$C$7	=E12+F12
4	=$C$4/A13	=B13/2	=C13*$C$6	=D13*$C$5/100	=A13*$C$7	=E13+F13
5	=$C$4/A14	=B14/2	=C14*$C$6	=D14*$C$5/100	=A14*$C$7	=E14+F14
6	=$C$4/A15	=B15/2	=C15*$C$6	=D15*$C$5/100	=A15*$C$7	=E15+F15
7	=$C$4/A16	=B16/2	=C16*$C$6	=D16*$C$5/100	=A16*$C$7	=E16+F16
8	=$C$4/A17	=B17/2	=C17*$C$6	=D17*$C$5/100	=A17*$C$7	=E17+F17
9	=$C$4/A18	=B18/2	=C18*$C$6	=D18*$C$5/100	=A18*$C$7	=E18+F18
10	=$C$4/A19	=B19/2	=C19*$C$6	=D19*$C$5/100	=A19*$C$7	=E19+F19
11	=$C$4/A20	=B20/2	=C20*$C$6	=D20*$C$5/100	=A20*$C$7	=E20+F20
12	=$C$4/A21	=B21/2	=C21*$C$6	=D21*$C$5/100	=A21*$C$7	=E21+F21

15 Prüfungsaufgaben Sommer 2025

Aufgabe 1

1.1 Lehrplanbezug (LF 2): „Sie bereiten Sitzungen und Besprechungen nach, dokumentieren diese, insbesondere in Form von Protokollen."

Operator „erstellen": zu einem Sachverhalt oder einer Problemstellung ein konkretes Lösungsmodell, eine Gegenposition oder einen Regelungsentwurf entfalten

Protokoll

<table>
<tr><td>Teilnehmer/-innen:</td><td>Gruber, Anna (Vertriebsleiterin, Vorsitz)
Klar, Klaus (Sachbearbeiter Vertrieb)
Lauf, Ludwig (Sachbearbeiter Vertrieb)</td></tr>
<tr><td>Protokollführer/-in:</td><td><Name Prüfling></td></tr>
<tr><td>Ort:</td><td>Besprechungsraum 1</td></tr>
<tr><td>Datum:</td><td>07.05.2025</td></tr>
<tr><td>Uhrzeit:</td><td>08:00–08:30 Uhr</td></tr>
<tr><td>Tagesordnung:</td><td>Produktauswahl Aktionsangebot</td></tr>
<tr><td colspan="2">Für das Aktionsangebot zum Triathlon in Konstanz wird die Radlerhose Fitfun ausgewählt.

Die Radlerhose wird mit dem halben Gewinnaufschlag angeboten. Es gelten die Konditionen S3 und R5.

Das Angebot gilt nur in der Zeit vom 10. bis zum 31. Mai.

Frau/Herr <Name Prüfling> erstellt die Kalkulation.</td></tr>
<tr><td colspan="2">Konstanz, 07.05.2025</td></tr>
<tr><td colspan="2"></td></tr>
<tr><td>Unterschrift Vorsitzende/-r</td><td>Unterschrift Protokollführer/-in</td></tr>
<tr><td colspan="2">Anlagen
Informationsblatt Triathlon</td></tr>
<tr><td colspan="2">Verteiler
alle Teilnehmer/-innen</td></tr>
</table>

1.2 Lehrplanbezug (LF 3): „Die Schülerinnen und Schüler führen mit Hilfe eines Tabellenkalkulationsprogramms [...] einfache Preisberechnungen durch.“

Operator„berechnen“. Aufgaben anhand vorgegebener Daten und Sachverhalte mit bekannten Operation lösen

	A	B	C	D	E
1	Verkaufspreisberechnung				
2					
3	Selbstkosten in EUR		46,75		
4	Gewinnzuschag in Prozent		30		
5					
6	Verkaufspreisberechnung				
7			Kriterium	%	EUR
8		Selbstkostenpreis			46,75
9	+	Gewinnzuschlag			14,03
10	=	Barverkaufspreis			60,78
11	+	Kundenskonto	S3	3	1,88
12	=	Ziel verkaufspreis			62,65
13	+	Kundenrabatt	R5	30	26,85
14	=	Nettoverkaufspreis			89,51

	A	B	C	D	E
1	Verkaufspreisberechnung				
2					
3	Selbstkosten in EUR		46,75		
4	Gewinnzuschag in Prozent		30		
5					
6	Verkaufspreisberechnung				
7			Kriterium	%	EUR
8		Selbstkostenpreis			=C3
9	+	Gewinnzuschlag			=E8/100*C4
10	=	Barverkaufspreis			=E8+E9
11	+	Kundenskonto	S3	=SVERWEIS(C11;'Skonto und Rabatte'!A10:B12;2)	=E10/(100-D11)*D11
12	=	Zielverkaufspreis			=E10+E11
13	+	Kundenrabatt	R5	=SVERWEIS(C13;'Skonto und Rabatte'!A2:B7;2)	=E12/(100-D13)*D13
14	=	Nettoverkaufspreis			=E12+E13

1.3 Lehrplanbezug (LF 3): „Sie formulieren verlangte und unverlangte Angebote."

Operator „entwerfen": zu einem Sachverhalt oder einer Problemstellung ein konkretes Lösungsmodell,. eine Gegenposition oder einen Regelungsentwurf entfalten

Welz Großhandel GmbH
All for Sports

Welz Großhandel GmbH, Maybachstr. 16, 78467 Konstanz

Ansprechpartner:in:	*<Name Pr"üfling>*
Abteilung:	Vertrieb
Telefon:	07531 9923-19
Telefax:	07531 9923-20
E-Mail:	info@welz-gh.de
Internet:	www.welz-gh.de
Datum:	7. Mai 2025

Aktionsangebot „Bikehose" für unsere regionalen Kunden zum City-Triathlon in Konstanz am 08.06.2025

Sehr geehrte Damen und Herren,

wir freuen uns, dass wir Ihnen zum City-Triathlon in Konstanz ein besonderes Aktionsangebot unterbreiten können.

Die **hochwertige Bikehose „Short Unisex Fitfun"** besticht durch ihre Qualität und Passform. Sie verfügt über schweißabsorbierende, atmungsaktive, antibakterielle und schnelltrocknende Eigenschaften. Das Material besteht aus 78 % Polyamid und 22 % Spandex. Dadurch fühlt sich die Hose angenehm und weich an und sitzt wie angegossen.

Durchdachtes Design — reflektierende Streifen und 3D-Sitzpolster verschaffen Sicherheit und Komfort. Das nahtlose Design schützt vor Hautirritationen. Erhältlich ist sie in den Größen S, L, XL, XXL und XXXL.

Wir bieten Ihnen diesen Artikel zu einem Preis von 89,51 EUR netto pro Stück an. Zusätzlich gewähren wir Ihnen einen Rabatt von 30 %.

Zahlungsbedingungen: 3 % Skonto bei Zahlung innerhalb 14 Tagen, 30 Tage ohne Abzug

Greifen Sie zu und bestellen Sie noch heute. Die Lieferzeit beträgt ca. 4 Werktage. Die Aktion ist gültig für Bestellungen im Zeitraum 10. bis 31.05.2025.

Wir freuen uns auf Ihre Bestellung.

Freundliche Grüße

Wetz Großhandel GmbH

i. A. Prüfling

Aufgabe 2

2.1 LF 4: (...) Sie bewerten und vergleichen eingehende Angebote nach quantitativen und qualitativen Kriterien mit Hilfe der Nutzwertanalyse und setzen dafür ein Tabellenkalkulationsprogramm ein. Dabei nutzen Sie notwendige Funktionen wie WENN, ZÄHLEN, SUMMEWENN und SVERWEIS.

Operator berechnen": Aufgaben anhand vorgegebener Daten und Sachverhalte mit bekannten Operationen lösen
Operator prüfen": einen Sachverhalt im Hinblick auf Richtigkeit, Akzeptabilität untersuchen
Operator erstellen": zu einem Sachverhalt oder einer Problemstellung ein konkretes Lösungsmodell, eine Gegenposition oder einen Regelungsentwurf entfalten

	A	B	C	D	E	F	G	H
1				Auswertung der Ergebnisse			WEBER IT SOLUTIONS	
2								
3				**Summe der befragten Mitarbeitenden**		57		
4				Maßnahmen ergreifen ab einem Prozentwert größer:		45		
5								
6	**Gesundheitliche Beschwerden**					**Anzahl der Nennungen aller befragten Mitarbeitenden**		**Maßnahme ergreifen (ja/nein)?**
7						**(absoluter Wert)**	**(in Prozent)**	
8	Rückenschmerzen					34	59,6	ja
9	Nacken- und Schulterschmerzen					29	50,9	ja
10	Kopfschmerzen					18	31,6	nein
11	Augenbeschwerden (trockene Augen/Sehstörung)					16	28,1	nein
12	Verspannungen/Bewegungsmangel					29	50,9	ja
13	Stress und psychische Belastungen					32	56,1	ja

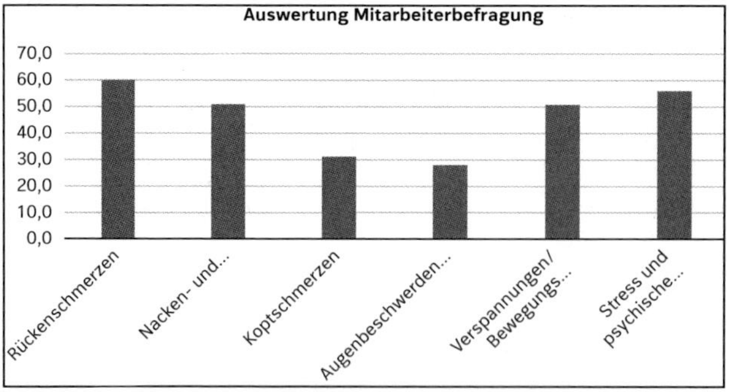

Formelansicht siehe Anlage zu 2.1

2.2.1 LF4: [...] Sie bewerten und vergleichen eingehende Angebote nach quantitativen und qualitativen Kriterien mit Hilfe der Nutzwertanalyse und setzen dafür ein Tabellenkalkulationsprogramm ein. Dabei nutzen sie notwendige Funktionen wie WENN, ZÄHLENWENN, SUMMEWENN und SVERWEIS.

Operator„durchführen": etwas in der für das angestrebte Ergebnis erforderlichen Weise vornehmen Operator„formulieren": ein Ergebnis, einen Standpunkt oder eine Frage knapp, präzise und in eigenen Worten zum Ausdruck bringen

	A	B	C	D	E	F	G	H
1	**Entscheidungsbewertungstabelle**							
2								
3			**Gesundheitsjack**			**Pia Hebel**		
4								
5	Entscheidungskriteerien	Gewichtung der Kriterien in %	Anmerkungen*	Punkte**	gewichtete Punkte	Anmerkungen*	Punkte**	gewichtete Punkte
6	Preis	10	450 EUR	4	40	350 EUR	5	50
7	Nachhaltigkeit	15	Anreise mit PKW's, deutschlandweit	1	15	Öffentlich Verkehrsmittel	5	75
8	Nachbetreuung	20	Be zu 6 Monate online	5	100	Bei Bedarf per E-Mail	1	20
9	Referenzen, Experten	25	Auszeichnungen, Gewinner in Fachzeitschrift, sehr gute Trainer, Weiterbildungen	5	125	Nur online-Rezensionen	2	50
10	Individuelle Konzepte. Inhalte	30	Maßgeschneidert, erfüllen alle unsere inhaltlichen Anforderungen	5	150	keine Individualisierung, erfüllt alle unsere inhaltlichen Anforderungen	4	120
11	**Summe**	**100**		**Summe**	**430**		**Summe**	**315**
12								
13	***Hinweise:***							
14	**Vermerken Sie in Spalte „Anmerkungen" stichwortartig, zur basseren Nachvollziehbarkeit, in wie weit der Anbieter das Kriterium erfüllt.*							
15	*** Für die Bewertung der Entscheidungskriterien können Punkte von 1 (sehr schlecht) bis 5 (sehr gut) vergeben werden.*							
16	**Begründete Entscheidung:**							
17	Ich empfehle den Anbieter Gesundheitsjack, da dieser mit 430 zu 315 Punkten in der Entscheidungsbewertungstabelle als geeigneter hervorgeht. Er erfüllt unsere Anforderungen und Kriterien am besten.							
18								
19								
20								
21								

2.2.2 Lernfeld 4 Sie [...] schließen Verträge (..., Dienstvertrag) ab. [...] Bei Bestellungen und Vertragsformulierungen nutzen sie auch ein Textverarbeitungsprogramm.

Operator „gestalten": Aufbereiten und adressatenbezogenes, sachlogisch strukturiertes, fachsprachlich korrektes Darstellen der selbstständig entwickelten Ergebnisse

WEBER IT SOLUTIONS

Dienstvertag

zwischen

Auftraggeber	Vertragspartner
Weber IT Solutions OHG Haydnstraße 17 78166 Donaueschingen vertreten durch Herrn Thomas Webar	**Gesundheitsjack Uferstraße 2 78315 Radolfzell vertreten durch Herrn Ralf Möller**

§ 1 Vertragsgegenstand

Durchführung eines Workshops für Gesundheitsmanagement mit drei Modulen/Bausteinen in allen Abteilungen der Weber IT Solutions OHG für alle Mitarbeitenden.

§ 2 Ort der Leistung

In den Räumen der Weber IT Solutions OHG, Haydnstraße 17 in 78166 Donaueschingen.

§ 3 Zeitraum

Der Workshop in den Abteilungen der Weber IT Solutions OHG findet ***vom 2. bis 20. Juni 2025*** **statt.**

§ 4 Vergütung

Gesamtbetrag brutto: ***23.400,00 EUR*** (150 EUR × 3 Bausteine × 52 Mitarbeitende)
Zahlbar im Anschluss an die Workshopdurchführung, 14 Tage nach Rechnungsstellung.

Datum und Unterschriften

Weber IT Solutions OHG Haydnstraße 17 Sitz: 78166 Donaueschingen	Tel. 07731 9572-0 Fax. 07731 9572-43 E-Mail: info@wits.com Homepage www.wits.com	BIC IBAN DE59 3049 3125 3049 Steuer Nr.: 14380394 USt.-IdNr.: DE 950348573 Geschäftsführer: Thomas Weber

Anlage zur Aufgabe 2.1

Formelansicht.

	A	B	C	D	E	F	G	H
1						Auswertung der Ergebnisse		WEBER IT SOLUTIONS
2								
3				**Summe der befragten Mitarbeitenden**		=SUMME(Umfrageergebnisse!B9:B44	=+Umfrageergebnisse!B46	alternative Lösung
4				**Maßnahmen ergreifen ab einem Prozentwert größer.:**		45		
5								
6	**Gesundheitliche Beschwerden**					**Anzahl der Nennungen aller befragten Mitarbeitenden**		**Maßnahme ergreifen (ja/nein)?**
7						**(absoluter Wert)**	**(in Prozent)**	
8	Rückenschmerzen					=SUMMEWENN(Umfrageergebnisse!$C$9:$C$44;Auswertug! A8;Umfrageergebnisse!$D$9:$D$44)	=F8*100/$F$3	=WENN(G8>$F$4„a“;„nein“)
9	Nacken- und Schulterschmerzen					=SUMMEWENN(Umfrageergebnisse!$C$9:$C$44;Auswertung! A9;Umfrageergebnisse!$D$9:$D$44)	=F9*100/$F$3	=WENN(G9>$F$4„a“;„nein“)
10	Kopfschmerzen					=SUMMEWENN(Umfrageergebnisse!$C$9:$C$44;Auswertung! A10:Umfrgeergebnisse!$D$9:$D$44)	=F10*100/$F$3	=WENNG10>$F$4„a“:"„nein“)
11	Augenbeschwerden (trockene Augen/Sehstörung)					=SUMMEWENN(Umfra eergebnisse!$C$9:$C$44:Auswertung! A11:Umfrageergebnisse!$D$9:$D$44)	=F11*100/$F$3	=WENN(G11>$F$4„a“:„nein“)
12	Verspannungen/Bewegungsmangel					=SUMMEWENN(Umfrageergebnisse!S$C$9:SC$44:Auswertung !A12:Umfrageergebnisse!$D$9:$D$44)	=F12*100/$F$3	=WENN G12>$F$4„a“:„nein")
13	Stress und pschisyche Belastungen					=SUMMEWENN(Umfrageergebnisse!$C$9:$C$44:Auswertung! A13:Umfrageergebnisse!$D$9:$D$44)	=F13*100/$F$3	=WENN(G13>$F$4„a“:„nein“)

Anlage zur Aufgabe 2.2.1

Formelansicht:.

	A	B	C	D	E	F	G	H
1	**Entscheidungsbewertungstabelle**							
2								
3			**Gesundheitsjack**			**Pia Hebel**		
4								
5	**Entscheidungskriterien**	**Gewichtung der Kriterien in %**	**Anmerkungen***	**Punkte****	**gewichtete Punkte**	**Anmerkungen***	**Punkte****	**gewichtete Punkte**
6	Preis	10	450 EUR	4	=B6*D6	350 EUR	5	=B6*G6
7	Nachhaltigkeit	15	Anreise mit PKW's, deutschiandweit	1	=B7*D7	Öffentliche Verkehrsmittel	5	=B7*G7
8	Nachbetreuung	20	Bis zu 6 Monate online	5	=B8*D8	Bei Bedarf per E-Mail	1	=B8*G8
9	Referenzen, Experten	25	Auszeichnungen, Gewinner in Fachzeitschrift, sehr gute Trainer, Weiterbildungen	5	=B9*D9	Nur online-Rezensionen	2	=B9*G9
10	Individuelle Konzepte, Inhalte	30	Maßgeschneidert, erfüllen alle unsere inhaltlichen Anforderungen	5	=B10*D10	keine Individualisierung, erfüllt alle unsere inhaltlichen Anforderungen	4	=B10*G10
11	**Summe**	**100**		**Summe**	**=SUMME(E6:E10)**		**Summe**	**=SUMME(H6:H10)**
12								
13	***Hinweise:*** **Vermerken Sie in Spalte „Anmerkungen" stichwortartig, zur besseren Nachvollziehbarkeit, in wie weit der Anbieter das Kriterium erfüllt.* ***Für die Bewertung der Entscheidungskriterien könnan Punkte von 1 (sehr schlacht) bis 5 (sehr gut) vergeben werden.*							
14								
15								
16	**Begründete Entscheidung:**							
17	Ich empfehle den Anbieter Gesundheitsjack, da dieser mit 430 zu 315 Punkten in der Entscheidungsbewertungstabelle als geeigneter hervorgeht. Er erfüllt unsere Anforderungen und Kriterien am besten.							
18								
19								
20								
21								

Sachwortverzeichnis

Bildquellenverzeichnis

Microsoft Deutschland GmbH, München: Klausnitzer, Lars 11.1, 11.2, 11.3, 12.1, 12.2, 13.1, 14.1, 15.1, 15.2, 15.3, 16.1, 16.2, 17.1, 17.2, 47.1, 47.2, 47.3, 47.4, 48.1, 49.1, 54.1, 55.1, 55.2, 56.1, 56.2, 57.1, 57.2, 58.1, 58.2, 59.1, 59.2, 60.1, 60.2, 61.1, 61.2, 64.1, 64.2, 70.1, 71.1, 71.2, 71.3, 72.1, 73.1, 73.2, 80.1, 81.1, 81.2, 82.1, 84.1, 84.2, 84.3, 85.1, 91.1, 93.1, 93.2, 95.1, 95.2, 98.1.

OKS Group, Delhi: 35.1, 45.1, 63.1, 83.1, 94.1, 116.1.

YPS - York Publishing Solutions Pvt. Ltd.: 107.1, 159.1, 159.2, 159.3, 167.1, 188.1, 220.1.